L'ORACLE ALCHIMIQUE & ROCK'N ROLL

IRIA DEL

L'ORACLE ALCHIMIQUE & ROCK'N ROLL

Illustrations de
GULLIVER L'AVENTURIÈRE

Arcana Sacra

Éditrice : Anne-Laure Lajous
Maquette : Margot Gabaret
Correction : Anne Desmier

Illustrations : ©Gulliver l'Aventurière

ISBN : 978-2-38063-056-5

Dépôt légal : novembre 2024
Imprimé en Chine

@Éditions Arcana Sacra
Une marque du groupe éditorial Piktos.
355, rue de la Montagne-Noire – 31750 Escalquens
contact@piktos.fr

www.arcana-sacra.com

Retrouvez-nous sur les réseaux sociaux

Facebook @EditionsArcanaSacra
Instagram @arcanasacraeditions

Pour Quentin et tou·te·s ceux et celles qui seront toujours de notre côté.

PRÉSENTATION DES CRÉATRICES

Iria Del, autrice

@iria.del / www.iriadel.com

Iria est cartomancienne de métier, en parallèle de sa casquette d'autrice. L'intégralité de son travail porte une empreinte alchimique forte, avec la volonté pugnace d'ouvrir des portes et de distribuer des clés à ceux et celles qui souhaiteront s'en saisir pour mieux se réaliser. Son style décapant incite ses lecteurs et lectrices à se reconnecter à leur véritable essence et pouvoir intérieur.

Gulliver l'Aventurière, illustratrice

@gulliver.laventuriere / www.gulliverlaventuriere.com

Gulliver l'Aventurière, de son vrai nom Julie Lapierre, est illustratrice, spécialisée dans les tarots et oracles. Sa patte reconnaissable entre toutes mêle inspiration médiévale et panache moderne et irrévérencieux. Passionnée de divination, elle a déjà mis sa créativité au service de multiples systèmes emblématiques comme le Tarot de Marseille, les runes ou encore le Petit Lenormand. Avec l'alchimie, elle donne un nouveau souffle visuel à une discipline obscure et jusqu'ici poussivement élitiste.

SOMMAIRE

AVANT-PROPOS : DU MÉTAL À L'OR

Cet oracle est né d'une initiation intime. En 2012, année de la présupposée « fin du monde », je recevais en rêve la visite d'un messager musicien, grand alchimiste à n'en point douter, figure emblématique du métal. Ce fut pour moi le point de départ de mon cheminement de sorcière. Ce rêve me donna des clés incroyables, particulièrement précieuses, et marqua le début d'une transmutation personnelle vertigineuse. Je plongeai alors de plain-pied dans la musique métal et y trouvai un miroir absolument affolant. C'est tout naturellement que je choisis de fusionner ma créativité avec ce genre musical pour « changer le métal en or ». Comme un hasard divin n'arrive jamais seul, il se trouva que mon acolyte illustratrice, Gulliver, avait justement passé son adolescence secouée par ma muse rock'n roll et qu'elle manqua s'étouffer quand je lui révélai la teneur de mon projet d'oracle. *L'Oracle alchimique et rock'n roll* est un témoignage de nos renaissances respectives embrasées par la magie de la musique. Cet oracle se lit, se pratique, se regarde et s'écoute. Mais surtout, il s'éprouve. Tous les morceaux musicaux qui le jalonnent ont accompagné ma propre alchimie et se sont proposés d'eux-mêmes comme reliés à une intelligence qui n'est autre que celle de l'esprit. Car il est sans doute vrai que la musique est la plus puissante des magies. Nous souhaitons de tout cœur que vous aussi vous parveniez à changer ce métal en or.

DÉCOIFFER L'ALCHIMIE

Science occulte, véritable Art et voie initiatique menant au cœur même du sacré, l'alchimie est source de bien des fantasmes. Elle est la science du divin, attribuée à Hermès Trismégiste ou Thoth l'Égyptien, offerte par ce singulier messager que l'on peine à se représenter concrètement comme intermédiaire direct de cette sagesse. Injustement crue réservée à une élite quelque peu emplumée et dédaigneuse, usant d'un air poussivement important tandis qu'elle énumère ses charades incompréhensibles avec autosatisfaction, cette discipline est pourtant la plus universelle qui puisse exister. Nous sommes tous des alchimistes en sursis attendant l'appel divin. Nul besoin de cooptation pour devenir alchimiste. Le divin n'aime pas les jeux de coude et le réseautage vide. Il favorise ceux et celles qui l'entendent clairement et sont prêt·e·s à véritablement plonger en eux ou elles-mêmes pour y opérer les plus profondes transmutations. La quête alchimique est celle du divin en soi. Le divin ne se trouve ni dans les livres, ni dans les clubs de ceux et celles qui s'esquintent à polir leurs privilèges, ni même dans les religions. Le divin ne s'enferme pas et bienheureux sont ceux qui parviennent à le faire descendre en eux. L'alchimie, donc, s'éprouve. Elle s'expérimente et la vie elle-même nous renseignera bien mieux sur ce qu'elle est que tout livre ou tout discours.

Ainsi, je ne vous ferai pas un cours sur l'alchimie avec cet oracle. Je veux vous la faire éprouver ! Je n'ai pas la prétention de donner toutes les clés de l'Art entre ces pages, mais plutôt d'éveiller en vous l'intérêt alchimique et de vous appeler à vous lancer sur votre voie personnelle de transmutation. Vous pourrez (et je vous y encourage !) faire vos propres recherches sur l'alchimie d'un point de vue plus académique s'il en est. Le divin ne se trouve peut-être pas entièrement dans les livres mais ces derniers peuvent lui servir de formidable et nécessaire pont. L'étude, bien que ne se suffisant pas à elle-même, est importante et viendra toujours enrichir votre compréhension et vos expérimentations.

L'ambition de cet oracle est donc de vous servir, justement, de pont. La science hermétique est généralement présentée de façon assez décourageante. C'est bien évidemment une volonté qui protège le secret divin. Cependant, il m'est avis que comprendra qui devra comprendre et que même armé·e·s de trousseaux jusqu'aux dents, les plus avides des profanes ne sauraient pas actionner les divines clés car la transmutation ne se singe pas. L'alchimie est hermétique car ne peuvent y pénétrer que ceux et celles prêt·e·s à ouvrir toutes les plus terrifiantes boîtes, tout comme celle de Pandore, se risquant à traverser les plus implacables épreuves pour renaître tels des Phénix. Traversez ce pont le cœur vaillant ! Soyez prêt·e·s à renoncer à vos limites, à votre confortable ignorance. L'alchimie est une voie courageuse et absolue. Elle est, selon moi, intrinsèquement rock'n roll !

Je vous propose de vous emmener en voyage vers cette divine transmutation, de vous faire traverser les œuvres, à la recherche de la pierre philosophale ou de l'élixir de longue vie... Nous changerons le métal musical en or alchimique, utilisant une métaphore de la voie sèche ayant pour trame de forme de changer les métaux vils en métaux nobles.

C'est le nom du divin lui-même que vous pourrez prononcer en cours de pèlerinage, nom qui ne se prononce pas à proprement parler mais qui s'incarne et s'actionne à travers l'être, la réalisation, le Grand Œuvre. Je ne vous appelle pas à devenir le divin mais à vous souvenir de votre divinité, nuance intéressante, impliquant que tout est déjà là, encrassé, dissimulé, attendant le coup de pouce révélateur, le polissage salvateur, le feu qui forge tout.

Certes, l'alchimie n'élimine a priori personne explicitement, mais il convient d'établir certains avertissements d'entrée de jeu qui pourraient conduire certain·e·s à botter en touche d'eux ou d'elles-mêmes. Si ces cartes ont pour vocation de vous accompagner dans un cheminement de transmutation, cela exclut une certaine douceur, voire mollesse. L'alchimie doit cramer, diluer, démonter, enterrer, calciner, secouer. Oubliez la carte légère prodiguant le petit conseil qui donne du baume au cœur de bon matin sur fond bleu ciel qui, à mon sens, entretient vos fragilités et éloigne de vous toute résolution effective de vos soucis. Il existe pléthore d'oracles gentils et celui-ci n'en est pas. L'alchimie n'est pas gentille ! Car, je vous l'assure, la gentillesse est ce qui se fait de pire en matière de sournoiserie. Elle vous berce dans vos illusions, vous conforte dans votre zone de stagnation. Cet oracle est un miroir de feu au travers duquel passer pour ne plus jamais être inquiété·e par les mêmes schémas. Il crache sur la gentillesse, cette triste facilitatrice de névroses. Je préfère être foudroyée sur place que de vous voir rester coincé·e au même endroit, avec les mêmes problèmes et vous contentant de factices soulagements qui ne tarderont pas à suinter. Cet oracle est là pour les Phénix, les guerrier·ère·s, ceux et celles qui font de leur materia prima – leur être-même – un terrain propice pour les initiations déchirantes et exaltantes. Oui, l'alchimie est révolution, et non, l'alchimie n'est pas un truc gentil. La gentillesse, qui semble soulager et propose de faire à votre place, c'est ce parent infantilisant qui ne vous permet jamais de vous réaliser et qui s'extasie de vos plus médiocres tentatives, vous enfermant irrémédiablement dans un confort morbide – cette sinistre non-réalisation – secrètement satisfait de votre stagnation, entretenue de longue haleine sous couvert d'amour filial, stagnation disais-je qui ne met aucunement à mal la petitesse de ce parent insécurisé. À l'autre bout du spectre se trouve un autre ennemi : le parent frustré, exigeant et débilitant qui place la barre au ciel, qui s'attend à l'exploit inatteignable et surtout contre nature, rien de moins, comme s'il n'y avait aucune autre option pour vous que d'être quelqu'un·e d'autre. Ces deux extrêmes sont des piliers d'échec et de reniement. L'alchimiste se doit d'abattre ces deux piliers. L'alchimiste n'a plus de parents. Il ou elle quitte

la société, renie l'éducation, désapprend et part en pèlerinage. Si l'alchimiste n'est pas prêt·e à dynamiter tout ce qui a fait de lui ou d'elle cette créature conditionnée, il ou elle ne pourra pas transmuter et brûler de son propre feu. L'alchimiste ne trouvera pas sa divinité car il ou elle ne pensera pas y avoir droit. Tout cela n'est pas très « gentil », je vous l'accorde. Mais l'alchimiste se torche avec la gentillesse ! Car l'alchimiste vise l'ultime bienveillance, le bien le plus élevé. Pour lui ou elle-même et le monde. L'alchimiste veut le divin en soi et partout ailleurs. Il ou elle vise sa vérité. Son absolu. Pas celui d'un·e autre. Quand on est gentil, on se retient. On ne bouscule rien. On laisse les gens aller des années durant chez des thérapeutes sans rien faire avancer. L'alchimie, elle, vous secoue, car elle vous aime ! Elle vise votre glorieuse autonomie, condition facilitant votre réalisation dans le monde !

Maintenant que nous avons trucidé cette satanée gentillesse, attaquons-nous à son poisseux acolyte, le tristement nommé « débutant ». En entamant le voyage avec cet oracle, abandonnez d'office l'attachement au terme de « débutant·e ». Cette posture me fait personnellement horreur. Certain·e·s s'y complaisent bien trop longtemps et utilisent cette excuse pour traîner. Vous n'êtes jamais un·e débutant·e. Vous vous mettez en marche. Une fois le premier pas effectué, avancez, continuez, explorez. L'alchimie (tout comme la divination ou la cartomancie d'ailleurs) n'est pas une discipline infantilisante et professorale. Elle vous appelle à saisir votre potentiel et à vous mouvoir en direction de votre véritable pouvoir. Avancez, pavez la route, tombez, relevez-vous..., mais, de grâce, ne débutez pas éternellement ! Et si, dans votre illusion morbide d'être débutant·e et donc incapable, vous me harcelez sur les réseaux sociaux pour interpréter à votre place vos tirages et pérégrinations divinatoires avec ces cartes, je me réserve le droit de vous répondre quelque chose d'approprié à la posture que vous adoptez, comme « attention, panpan cucul si tu ne comprends pas cette signification » ou « pose ces cartes de suite, pipi et au lit ».

Cet oracle transmutateur vous propose de traverser vos œuvres personnels (noir pour calciner, blanc pour lessiver et révéler, rouge pour embraser la flamme divine) afin de dissoudre et réunifier (solve et coagula) vos parts intérieures et ainsi impacter votre vie extérieure. Ainsi, l'alchimie est un art qui débute dans l'ombre pour amener à la plus vive des lumières. Hermès Trismégiste nous l'a transmis dans la Table d'émeraude : tout ce qui est en haut est comme ce qui est en bas. Tout ce qui est en dedans est comme ce qui est au-dehors. L'alchimie concerne tout le spectre de la vie humaine. Vous toucherez aussi bien à l'intime qu'au collectif.

Préparez-vous à opérer ces transmutations dans un but de révélation personnelle et de réalisation élevée. Le Grand Œuvre est un retour à la « Maison », lieu divin en soi qui permet la complétude, l'équilibre et l'exaltation afin de les irradier dans le monde. Toute alchimie débute donc en soi pour ensuite impacter l'extérieur. Si l'alchimiste ne se laisse pas traverser par les œuvres, il ou elle ne pourra pas traverser à son tour. Ainsi, cette discipline est à la fois éminemment spirituelle et opérative. L'une des composantes ne va pas sans l'autre.

DÉCRYPTER L'ORACLE

L'ordre des cartes de cet oracle n'est pas nécessairement linéaire, tout comme les étapes alchimiques que vous traverserez au gré de vos tirages. Chaque carte porte une empreinte alchimique à la fois conceptuelle, visuelle, symbolique et musicale. Voici les sections que vous retrouverez dans chaque carte et leurs usages :

∴ **L'esprit :** Cette section est votre « centre » s'adressant à vous, votre divinité intérieure et extérieure aux multiples visages et facettes. Je rattache personnellement l'esprit à l'étymologie *spiritus* et au soufre alchimique, classification qui n'est pas nécessairement universelle. Ce message a une portée principalement spirituelle et méditative.

∴ **L'âme :** Cette partie représente ce qui anime votre corps, *anima*, le niveau intermédiaire de votre être, vous délivrant un message à visée divinatoire et transformatrice. C'est une traduction plus terre à terre et applicable à votre expérience humaine.

∴ **Le corps :** Il s'agit ici de l'analyse symbolique de la carte, votre corps, *corpus*, s'apprêtant à traverser l'initiation de façon concrète. Cette section vous invite à forger vos propres rituels avec tous ses symboles. Chaque carte contient un mot-clé alchimique, un ou des symboles ainsi qu'un morceau musical à combiner pour cette pratique rituelle.

COMMENT ŒUVRER

En vous procurant cet oracle, vous pourrez le purifier et le consacrer pour approfondir votre lien à votre outil. Passer chaque carte dans la fumée d'encens puis placer le jeu entier sur un objet qui vous représente ou porte votre énergie pendant une nuit peut constituer un rituel simple de connexion entre vous et l'oracle. Sentez-vous libre d'expérimenter différemment si vous vous y sentez appelé·e. Il serait amusant de placer votre oracle à charger sur un objet contenant un métal avec lequel vous avez une affinité particulière (ou pourquoi pas la pochette de votre album de métal préféré) ou tout autre objet rappelant votre vision personnelle de l'alchimie.

Une fois cette étape achevée, vous pourrez œuvrer avec. Les illustrations de l'oracle comportent chacune une scène et des symboles. À vous de vous saisir de cette imagerie pour vous l'approprier, de concert avec les morceaux musicaux proposés pour chaque carte ainsi qu'avec les mythes et références tissant la narration des textes d'accompagnement. Chaque concept de carte est un tableau symbolique complexe mêlant mythes sans frontières, symboles, langue des oiseaux et modernité, où tout se répond et se mêle. Les associations d'idée, syncrétismes et pensées arborescentes ont entièrement guidé mon processus créatif. Je me suis tout permis.

De votre côté, tout est également permis : méditation, visualisation, dessin, tatouage, travail onirique, charge de votre nourriture à l'aide des symboles, incorporation de ces derniers dans votre quotidien... Pour intégrer les messages de chaque carte de façon alchimique, il convient de vous laisser traverser par ces derniers. Chaque carte est calibrée pour la transmutation. Ainsi, ce jeu ne sert pas qu'à délivrer des messages, il peut agir sur votre réalité intérieure et extérieure si vous en faites la démarche motivée.

L'alchimie est un processus personnel. Demandez-vous comment le message de chaque carte vous touche et comment vous pourriez vous en imprégner à l'aide de ses clés.

Si vous souhaitez « activer » l'alchimie d'une carte que vous tirez, je vous conseille d'en écouter la musique, de réciter le titre de la carte à voix haute ainsi que le mot-clé et de laisser ses symboles infuser en vous ou autour de vous d'une manière ou d'une autre.

Vous pourrez par exemple charger une poignée de sel un samedi, jour de Saturne, avec les énergies de la carte « Carrousel » et saler votre nourriture avec, ou vous parfumer avec une eau de toilette à la rose en dessinant du doigt le symbole de la carte « la Descente d'Éros ». Chaque indice disséminé dans les images et les textes est à saisir ! Récitez les mots-clés, visualisez, chargez par visualisation des objets, imprégnez-vous, dansez... Il est même possible de combiner les cartes, les retourner pour en modifier les effets, en faire des alliées dans des rituels spécifiques... Et bien sûr, écouter leur musique en ritualisant permet de se rapprocher de leur or. Mêlez ce que vous vivez avec l'alchimie de chaque carte, l'expérience n'en sera que plus forte ! J'ai personnellement rasé toute mon ancienne réalité et forgé un paradigme entièrement neuf aux moyens des outils que je vous partage dans cet oracle. Il ne faut pas avoir peur de casser des œufs cosmiques pour obtenir votre omelette alchimique ! Ritualiser avec ces cartes et symboles peut être vertigineux. Gardez à l'esprit que c'est votre alignement entre esprit, âme et corps qui agira le plus efficacement. Ainsi, ne forgez un rituel dans le corps qu'en ayant bien intégré les messages de l'esprit et de l'âme de chaque carte afin qu'ils puissent prendre corps.

Bien entendu, vous pourrez choisir d'utiliser cet outil de façon divinatoire, afin d'y puiser des messages. Cependant, il est conçu pour œuvrer et je ne garantis pas que le simple message ne se transformera pas en application concrète dans votre quotidien... Une fois l'alchimie lancée, explorez le réel, observez les signes, notez vos rêves... L'oracle va continuer de vous parler de bien des façons, son but étant de vous aider à vous réaliser et à forger votre Grand Œuvre personnel.

TIRAGES

Le tirage « Speed Dating »

Pour une première prise en main de votre oracle, j'ai créé un tirage qui vous permettra de faire connaissance et de briser la glace en quelques cartes ciblées. Le principe est simple, vous posez des questions à votre oracle comme s'il s'agissait d'une personne et que le temps était limité, comme lors d'un *speed dating*. Voici la disposition de ce tirage à 8 lames :

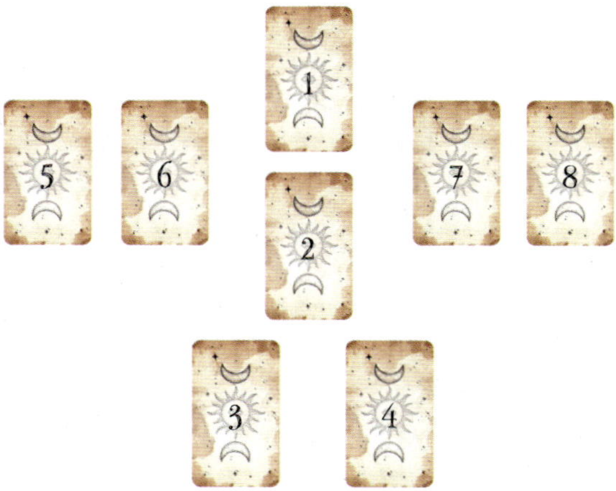

∴ **Position 1 : Qui es-tu ?** L'essence de votre oracle.

∴ **Position 2 : Que fais-tu dans la vie ?** Le domaine de spécialité de votre oracle.

∴ **Position 3 : Quelles sont tes passions ?** Les sujets qu'il aimera développer avec vous.

∴ **Position 4 : Que détestes-tu ?** Les sujets et attitudes à proscrire avec lui.

∴ **Position 5 : Quel futur pour nous ?** Une vision de la relation et synergie que vous entretiendrez.

∴ **Position 6 : Qu'attends-tu de moi ?** Les conseils pour être en osmose avec votre oracle.

∴ **Position 7 : Avec qui aimes-tu passer ton temps libre ?** Les personnes avec qui il aimera être consulté si vous tirez les cartes pour les autres.

∴ **Position 8 : Que penses-tu de moi, grand fou ?** Comment l'oracle vous perçoit et s'il vous trouve à son goût.

Le tirage « Or d'Œuvre »

Après la première approche du « Speed Dating », je vous propose un tirage « apéritif » centré sur votre potentiel de transmutation alchimique. Alors que le précédent tirage vous permettait de mieux connaître votre outil, il s'agit ici de mieux vous connaître vous, sous un spectre alchimique, avant de passer au plat de résistance : véritablement œuvrer avec vos cartes pour révolutionner votre quotidien. Quel·le alchimiste allez-vous être ? Quels outils et forces seront les vôtres ? Comment allez-vous transmuter ? Je vous propose d'explorer les pouvoirs des 7 métaux alchimiques, du plus épais au plus subtil, pour comprendre les avantages qui seront les vôtres lors de votre pèlerinage. Ici, chaque métal est porteur de forces et est à envisager comme un atout dans votre panoplie complète. Certains métaux seront plus auspicieux que d'autres selon vos prédispositions. À vous d'utiliser leur sagesse afin de forger votre destin. Un métal plus compliqué à travailler sera une opportunité de transmutation formidable tout comme un métal *a priori* facile sera un allié à entretenir, conserver ou renouveler. Pour l'étalement, disposez tout simplement les cartes en ligne droite de la gauche vers la droite. Vous pourrez œuvrer en rituel avec chaque carte par la suite afin d'en amplifier la sagesse en rapport avec le super-pouvoir métallique qu'elle représente pour vous.

∴ **Position 1 : Le plomb.** Votre pouvoir d'ancrage et votre capacité à adapter les conditions matérielles, le cadre et le temps à votre cheminement spirituel et alchimique.

∴ **Position 2 : L'étain.** Votre assise, autorité et confiance en vous-même dans le processus de transmutation alchimique.

∴ **Position 3 : Le fer.** Votre capacité à agir de façon motivée et à vous battre s'il le faut pour atteindre vos objectifs alchimiques.

∴ **Position 4 : Le cuivre.** Votre capacité à vous émerveiller et ressentir du plaisir lors de votre pèlerinage.

∴ **Position 5 : Le mercure.** Votre capacité à traduire par le langage votre cheminement alchimique et donc mieux le comprendre pour vous-même et en communiquer les tenants et aboutissants aux autres.

∴ **Position 6 : L'argent.** La capacité de votre inconscient à collaborer avec votre esprit conscient afin d'œuvrer dans la bonne direction.

∴ **Position 7 : L'or.** Votre capacité à rayonner, être optimiste et obtenir le nectar de la vie pour effectuer les meilleures transmutations possibles.

Le tirage « Rock Star »

Ce tirage vous parlera de votre pèlerinage alchimique du fond du trou jusqu'aux plus hautes et glorieuses cimes, vers votre pierre philosophale personnelle, accession au statut de *rock star* pour l'artiste dont le métal est la *materia prima*. Appliquez ce tirage à votre cheminement général ou à un secteur dans lequel vous souhaitez évoluer et devenir une version plus consciente, brillante et auréolée de succès de vous-même. Vous pourrez œuvrer avec chaque carte par la suite en rituels afin d'en amplifier le pouvoir alchimique et accélérer votre accession à votre pierre philosophale personnelle.

∴ **Position 1 : L'anonymat.** Cette carte décrit votre point de départ, généralement représentatif de votre état actuel.

∴ **Position 2 : Le dénicheur de talent.** L'élément déclencheur qui vous mettra sur la voie pour avancer dans la bonne direction et entamer l'alchimie.

∴ **Position 3 : La scène.** Le bon endroit pour vous, votre juste place, le positionnement depuis lequel vous serez vu·e et reconnu·e, le point de chute auspicieux sur votre chemin alchimique.

∴ **Position 4 : La discographie.** L'énergie de ce que vous êtes encouragé·e à mettre au monde en œuvrant.

∴ **Position 5 : Les groupies.** Votre cible, les personnes ou circonstances qui sauront vous soutenir et à qui il faut en priorité adresser votre message.

∴ **Position 6 : La rock star.** La personne que vous allez devenir en œuvrant.

MESSAGES DES CARTES

1. CARROUSEL
SORTIE DU CERCLE

Message de l'esprit

« Tu crois avancer dans ce manège répétitif où la terre se tasse sous tes pieds, attendant de t'engloutir à la fin de ta course. La vie te tient à distance. Le cœur de toute chose demeure inaccessible et inutilisé dans un périmètre de sécurité opaque. Les anciennes vies se répètent et les empêchements t'étouffent. Tout sonne faux dans le secret de ton être, et pour cause ! Nous ne sommes pas venu·e·s ici pour demeurer les esclaves soumis·es d'un cirque grotesque. Nous avons décidé de nous incarner pour être des révolutionnaires ! »

Réflexion de l'âme

Vous semblez coincé·e dans un double inconfort. Vous ne jouissez ni de l'approbation extérieure ni de la satisfaction de suivre votre propre vérité. Refusez de faire partie d'un monde qui vous semble faux et abusif. Même si vous opposer clairement à la mouvance vous terrifie, il est bien plus à craindre de souffrir éternellement en participant à la mascarade populaire. Sortez du cercle infernal.

Clés alchimiques du corps

∴ Le mot-clé alchimique : « Sel ».

∴ Les symboles alchimiques : Le sel, Saturne et l'ouroboros.

∴ La musique alchimique : *Rowboat* de Coal Chamber, extrait de l'album *Dark Days.*

Décryptages :

∴ Le symbole du sel est un cercle coupé en deux horizontalement, rappelant l'ouroboros qui serait ici entravé dans sa roue infinie.

∴ *Cell*, phonétiquement identique à « sel », signifie, en anglais, « cellule », comme la cellule vivante ou la prison, évoquant l'enfermement tout comme l'opportunité de liberté.

∴ « Celle », pronom désignant le féminin, vient du latin *cella* pouvant décrire un endroit qui conserve, enferme ou permet de se reposer, se rapprochant des propriétés du sel conservateur et cristallisant.

Le Carrousel dessine un cercle, une boucle sans fin, à l'image de l'ouroboros, serpent se mordant la queue tandis que Saturne insuffle un certain enfermement en tant que maître des limites. Pour devenir le sel cristallisant et conservateur, le cercle ou Carrousel (Car où sel ?) doit se diviser en deux, tels deux principes mâle et femelle, haut et bas.

2. MUNITIONS

RASSEMBLEMENT DES ARMES DE L'ESPRIT

Message de l'esprit

« Les troupes d'un monde révolu tenteront par tous les moyens de t'insécuriser. Plus bête et crédule tu seras, plus efficace sera leur propagande afin de faire de toi un soldat décérébré en quête d'approbation. Mais je t'appelle avec bien plus de force que toutes leurs sirènes abrutissantes ! Tu n'as pas besoin de leurs armes forgées dans la peur et la stupidité. Tu ES une arme symbolique ! C'est pourquoi ils ont tenté par tous les moyens de te désamorcer en te faisant avaler des sornettes. Utilise tes munitions intrinsèques et inépuisables, tes idées détonantes. En bombardant le monde à l'aide de ton message, tu attireras tes compagnons d'armes. Vos talents combinés exploseront les barricades obscurantistes et tu n'auras plus jamais besoin de te fournir chez les tyrans. »

Réflexion de l'âme

Avez-vous identifié les situations dans lesquelles on attendait de vous que vous pensiez comme tout le monde ? Vous êtes appelé·e avec une force guerrière à faire fuser vos idées et à les mitrailler sur vos opposant·e·s. Analysez, comprenez, parlez et ne capitulez pas.

Laissez votre cerveau armé de fines déductions tirer en premier et vous verrez que d'autres vous rejoindront, inspiré·e·s par votre exemple.

Clés alchimiques du corps

- ∴ Le mot-clé alchimique : « Unis ».
- ∴ Les symboles alchimiques : L'air et Mars.
- ∴ La musique alchimique : *Words as Weapons* de Seether, extrait de l'album *Isolate and Medicate.*

Décryptages :

- ∴ « Uni » est caché dans « munitions ».

L'air est le maître du mental, siège des idées et des valeurs, symboliquement associé à une arme tranchante et transformatrice. Le·a penseur·se est un·e guerrier·ère, un·e conquérant·e. Il·elle est donc rattaché·e à la planète Mars, demeure (2 meurt) du dieu guerrier Arès de la mythologie grecque.

Les grands esprits qui se rencontrent collaborent pour donner plus de force à des idées communes. Les deux guerrier·ère·s rassemblé·e·s font partie d'une même charge contre l'opposant. Le 2 meurt alors pour ne devenir qu'un ou donner naissance au 3, explosion de nouveauté et de fertilité.

3. L'ÂGE D'HORUS

OUVERTURE DE L'ŒIL FLAMBOYANT DE L'AVENIR

Message de l'esprit

« Je ne peux te raccompagner à la Maison que si tu es délesté·e de toute chaîne. Je parle haut, fort et avec une clarté cristalline aux êtres non endoctrinés s'étant extirpés des griffes dogmatiques de ce monde. Sois empli·e de courage. Car si tu milites pour cette divine liberté, les tenancier·ère·s de l'abrutissement de masse ne manqueront pas de t'accuser de pervertir la jeunesse, trop déçu·e·s de ne pas posséder tout le monde pour agrandir toujours plus leur troupeau de moutons. Ouvre ton œil le plus conscient et ne fais de promesses qu'à toi-même. Tu as atteint un âge brillant et plein de perspectives. »

Réflexion de l'âme

La sagesse est sans âge. Elle peut venir de toute source, indifféremment du vécu ou de l'expérience. Examinez bien qui va plus vite et plus profondément que les autres sur les sujets qui vous importent. Ce sont ceux·elles-là qui vont rendre le monde meilleur. Choisissez bien ce que vous voulez être : un monument à la gloire d'une moralité vieillissante et consensuelle ou un espoir révolutionnaire et inspirant ?

Clés alchimiques du corps

∴ Le mot-clé alchimique : « Orage ».

∴ Les symboles alchimiques : L'œil d'Horus dans le triangle représentant le feu traversé d'un éclair.

∴ La musique alchimique : *When we were young* d'Architects, extrait de l'album *The Classic Symptoms of a Broken Spirit"*.

Décryptages :

∴ L'or (H.or.us) lumineux du Soleil se reflète sur la Lune pour éclairer depuis l'ombre, annonçant un orage (or-âge) explosif qui va destituer le père comme la mère pour un nouvel âge d'or.

L'œil d'Horus est l'équivalent lunaire de l'œil solaire de Rê ou Ouadjet, œil qui voit tout. Rê serait l'œil droit et Horus l'œil gauche. Dans la mythologie égyptienne, Rê est le patriarche tandis que Horus est l'héritier du trône.

D'après la tradition de Thelema popularisée par l'occultiste Aleister Crowley, nous sommes entré·e·s dans l'ère d'Horus, l'enfant divin, depuis les années 1900. Tous les deux mille ans, la Terre évoluerait. Nous serions passés de l'ère matriarcale d'Isis à celle plus patriarcale d'Osiris pour arriver à celle d'Horus plus androgyne et équilibrée, brisant les anciens codes avec la fraîcheur de la jeunesse souveraine.

4. EXCLAVE

REMISE DE LA CLÉ DES SOUVERAINS

Message de l'esprit

« Tu négocies le dernier virage sur cette longue route d'asservissement. Ta concentration doit être à son maximum. Ne te presse pas. Laisse le moteur gronder. Dans peu de temps il va hurler car nous nous apprêtons à foncer en cinquième vitesse, pied au plancher, en sens inverse, sur une autoroute bondée. Celle de tes anciennes allégeances. Sois armé·e de ton feu sacré. Rien ne t'enferme, rien ne te résiste. L'univers t'obéit. Tu es la toute-puissance de ta réalité. C'est toi qui conduis. Tu peux tout réussir et tout avoir. Tous travaillent pour toi. Tes démons ne peuvent plus t'asservir. Tu deviens maître d'œuvre de ta libération et de ton couronnement. »

Réflexion de l'âme

Cessez de jouer selon les règles. Ce ne sont pas les autres qui vous accordent des choses. C'est vous qui fournissez une main-d'œuvre sans laquelle il·elle·s n'ont rien car il·elle·s ne savent rien faire par eux·elles-mêmes à part propager leur illusion d'importance. Il est temps de garder pour vous de quoi réaliser votre Grand Œuvre.

Clés alchimiques du corps

- ∴ Le mot-clé alchimique : « Ex ».
- ∴ Les symboles alchimiques : L'hexagramme, Jupiter et le lys.
- ∴ La musique alchimique : *To Return* de Chevelle, extrait de l'album *This Type of Thinking (Could Do Us In).*

Décryptages :

- ∴ « Ex » signifie la sortie, la séparation.
- ∴ Quand le mot « enclave » induit d'être enfermé·e à clé, le mot inventé « exclave » libère et ouvre les portes.

Salomon est un roi mythique reconnu comme particulièrement juste et prospère dans les traditions judéo-chrétiennes. On lui rattache le symbole de l'hexagramme dans un cercle formant le sceau de Salomon. On attribue à Salomon un ouvrage de magie, *Clavicula Salomonis*, grimoire renfermant de nombreuses « clés » ou symboles mystiques.

Jupiter est la planète du roi des Olympiens, Zeus. Elle représente l'expansion et le succès. On octroie à Zeus le symbole de l'aigle. Dans son aspect féroce, l'aigle dévore le serpent, maîtrisant ainsi les aspects d'ombre (bas instincts, asservissement, tromperie) et de lumière (connaissance, éveil divin, renaissance, sang-froid) de cet animal. La fleur de lys apporte un aspect lunaire et féminin à la royauté quand l'aigle est à polarité solaire et masculine. L'aigle jupitérien et le lys forment ainsi une alchimie royale.

5. TU ES DIEU
CALCINATION DES DOGMES

Message de l'esprit

« Je n'ai pas de religion et je renie avec fougue toute politique du divin. Regarde l'hypocrisie de ceux et celles qui cherchent à encapsuler Dieu pour le rationnaliser, fourrant le biberon religieux dans les petits becs crédules dès le berceau. C'est un merveilleux sabotage spirituel qui empêche l'être de développer sa propre pensée. N'écoute pas la propagande de culpabilité et de honte, la persuasion vicieuse qui te fait croire que la pureté est inatteignable car soumise à une définition ridicule trafiquée dans le seul but de t'en exclure. Nous nous purifions de leur abrutissement de masse. Nous nous ouvrons à la totalité du divin sans l'enfermer. Nous sommes en expansion sacrée constante. Nous sommes libres en notre temple. Nous sommes divin·e·s. »

Réflexion de l'âme

Il est impératif pour vous de sortir de tout dogme, de toute politique. Regardez à bonne distance les clubs truffés de règles et d'interdits. Ce sont des antres de déprogrammation pour les cerveaux égarés. À qui profite votre dévotion ? Sachez reconnaître quand le groupe est devenu une masse effrayante incapable de penser, quand le discours ne reflète pas l'action, quand les règles sont impossibles à suivre, quand un message a été mal compris puis instrumentalisé, quand on ne vous laisse pas libre de choisir, quand la tradition vous limite, quand on se fiche de votre élan divin, quand, quoi que vous fassiez, ce sera mal. Dans ces moments-là, la solution est ailleurs.

Clés alchimiques du corps

∴ Le mot-clé alchimique : « Tuer ».

∴ Le symbole alchimique : Le feu.

∴ La musique alchimique : *Step into the Fire* de Phil Campbell and the Bastard Sons, extrait de l'album *The Age of Absurdity*.

Décryptages :

∴ « Tu es Dieu » revient symboliquement à « Tuer Dieu », le soi divin surpassant toutes les notions extérieures dogmatiques. Le divin est prioritairement en soi.

Le feu et le Livre saint instrumentalisés démontrent la nécessité de brûler le cadre qui sépare du divin au lieu de nous en rapprocher. C'est le sacré embrasé, la connaissance de soi et de l'univers que l'on intègre et que l'on exalte quand les dogmes périssent.

6. JUMEAUX

SOUVENIR DES REFLETS ENFLAMMÉS

Message de l'esprit

« Avant que tout ne commence, vous n'étiez qu'un·e. L'androgyne primordial dans son œuf divin. Bercé·e·s par l'univers, inconscient·e·s de la déchirure qui vous attendait. Complet·ète·s, sans aucune dualité déstabilisante. Vous saviez que cet amour serait à reconquérir encore et encore. Vous vous êtes cherché·e·s sans comprendre cette absence. Où est l'autre ? Il n'apparaît que dans des rêves étranges où cet·te inconnu·e est celui·elle que nous avons toujours aimé·e. Quand l'androgyne primordial recollera ses morceaux tombés à terre pour devenir un nouvel androgyne, naîtra enfin l'union de pouvoir. »

Réflexion de l'âme

Votre quête d'un·e autre pour vous compléter n'est pas qu'un conditionnement sociétal. C'est une programmation divine pour retrouver une totalité connue à vos origines. Être deux est en vérité la recherche de l'unité, du soi supérieur. Que voulez-vous ? Un bonheur simple à partager ? Ou un·e acolyte aux grands idéaux avec qui refaire le monde dans une même optique ? Il n'y a pas de bonne ou de mauvaise réponse.

Le monde attend votre décision intérieure pour savoir qui mettre sur votre chemin et dans quel contexte. Les bonnes connexions se feront.

Clés alchimiques du corps

- ∴ Le mot-clé alchimique : « Flammes ».
- ∴ Les symboles alchimiques : Les Gémeaux avec Mars et Vénus imbriqués.
- ∴ La musique alchimique : *Structure of Love II – Renholdër Remix* de VOWWS, Chino Moreno & Renholdër.

Décryptages :

- ∴ Les jumeaux alchimiques sont également appelés « flammes » jumelles dans les croyances New Age récentes, le feu étant un élément de prédilection pour représenter le divin.

Dans les mythes grecs relatés par Platon dans *Le Banquet*, Zeus aurait séparé en deux les humains originellement androgynes. La recherche d'un·e partenaire amoureux·se serait cette quête spirituelle inconsciente de retrouver le jumeau perdu, la complétude et le retour au divin soi.

Le signe des Gémeaux est particulièrement rattaché à ces jumeaux cosmiques rappelant les amours entre Mars et Vénus.

7. SACRÉ
UNION DES SEXES

Message de l'esprit

« Je vais éveiller en toi l'énergie la plus puissante et galvanisante, découlant de l'amour. Tou·te·s la recherchent ou la craignent mais peu la comprennent et la goûtent vraiment. Enfermés dans la séparation et la manipulation de l'autre, les êtres aspirent à la gratification rapide, à ce feu qui va les brûler ou les salir s'ils ne savent pas le manier. Dans cette peur, les tenancier·ère·s des cadres dogmatiques ont rendu ce fruit divin interdit alors qu'il est la clé suprême. Je suis là pour ouvrir ton corps comme une porte divine, te rendre la clé qui t'appartient. Embraser tout ton être du plus physique au plus divin. »

Réflexion de l'âme

Votre énergie physique se libère des conditionnements néfastes. Refusez les cadres qui brisent toute envie. Autorisez-vous à brûler avec passion, sans que cela ne soit incompatible avec une union sacrée. Refusez la routine concédée comme un dû afin que l'on continue de vous aimer. Vous recherchez plus, vous voulez réellement fusionner dans l'amour. Vous pouvez enfin trouver le divin dans l'union. Dites adieu aux connexions tristes, dégradantes, faussement obligatoires, voire violentes. L'heure est à la beauté charnelle et à ses aubes les plus éclatantes.

Clés alchimiques du corps

∴ Le mot-clé alchimique : « Création ».

∴ Le symbole alchimique : Le chakra sacré.

∴ La musique alchimique : *Sextape* de Deftones, extrait de l'album *Diamond Eyes*.

Décryptages :

∴ La création est la clé du sacré car « ça crée ».

Le chakra sacré est le siège de l'énergie reproductrice et sexuelle, rendant le sexe sacré et créateur en gardant à l'esprit que cette création n'est pas que reproductive. Dans ce chakra se trouvent la réalité émotionnelle de l'être, son accès à l'abondance, sa capacité à se connecter avec intimité à l'autre, à jouir avec puissance si le cœur est relié et connecté. Le chakra sacré est situé légèrement sous le nombril, faisant du ventre un symbole de richesse divine, de fusion et d'alchimie des sexes.

8. PASSION

DÉROULÉ DU FIL DU CŒUR

Message de l'esprit

« Tu veux vibrer. Tu as oscillé entre sécurité sage mais pesante et danger exaltant. Tu crois que la passion est un brasier qui consume quand elle peut être un feu des plus nourrissants. Pour trouver le point juste, tu as laissé entrer la fausse sécurité. Sauveuse un jour, elle t'a séquestré·e et endetté·e le lendemain. Pour libérer ton âme tu as cru devoir immoler ton corps. La vraie passion ne requiert aucune de ces renonciations. Trouve ta passion sacrée et tout ton être s'allumera pour ne plus jamais s'éteindre. »

Réflexion de l'âme

Un dilemme se fait jour en vous et vous pousse à croire que la vie est un test à choix restreints. Le passé vous a suffisamment brûlé·e pour que vous hésitiez à poser une action qui vous apporterait une exaltation digne de ce nom. Suivre votre passion, celle de votre cœur, peut être un chemin de croix. Vos passions passées vous ont fait peur et mal. Elles ont parfois été toxiques et vous ont susurré des mots divins pour mieux vous asservir. Elles ont capitalisé sur vos gouffres pour vous forcer à boire de leur eau croupie. La passion sacrée n'a rien à voir avec cette mascarade. Cette passion noble est la main embrasante du divin qui vous pousse à jouir de ce que vous êtes. Ne vous reniez plus et plus jamais vous ne vous brûlerez.

Clés alchimiques du corps

∴ Le mot-clé alchimique : « Sion ».

∴ Les symboles alchimiques : Pluton et le Scorpion.

∴ La musique alchimique : *Ribbons* de Black Light Burns, extrait de l'album *Cover Your Heart*.

Décryptages :

∴ Sion, dans les écrits judéo-chrétiens, est le nom de la ville de Dieu, signifiant « fortification », endroit à comprendre au sens symbolique.

La vraie passion se débarrasse de tout ce qui n'est pas « Sion », ce qui n'est pas sacré, ce qui vous expulse de votre sanctuaire divin. La passion sacrée vous fait passer par Sion pour ne plus jamais la quitter.

La roue du Destin sur cette carte est entourée des trois Moires, divinités qui tissent, répartissent puis coupent le fil de la destinée.

9. ADVERSAIRE

PRISE DU POISON DE DIEU

Message de l'esprit

« Tout pointe vers toi comme étant l'adversaire. L'acceptation n'a jamais pétillé en ta faveur. Qu'à cela ne tienne. Sois cet·te adversaire. Incarne ce qu'ils ne peuvent pas être et que, par conséquent, ils veulent détruire. Laisse éclore cette force dévalorisante pour eux et libératrice pour toi. Embrasse tes démons à pleins bras et retourne-les contre ces coalitions de ploucs endoctrinés qui pensent détenir la vérité sur tout. Les dominant·e·s ont érigé un monde unilatéral d'où ils se gargarisent d'être les vertueux·ses, cadenassant tout ce qui ne leur ressemble pas et ne suit pas leur malsaine parole. N'accepte pas le rôle de victime qu'ils te tendent. Tu seras un bourreau d'un nouveau genre : saccageur des putrides dominations. »

Réflexion de l'âme

Il existe deux types de méchant·e·s. Ceux·et celles qui dérangent la mouvance majoritaire, et qui, à la force de leurs blessures, deviennent des révolté·e·s, et ceux et·celles, plus sournois·es et naturellement prédateur·rice·s, qui sont bien mieux intégré·e·s dans la masse et qui assouvissent froidement leurs pulsions destructrices par pur vice et incapacité de se réparer. Ces dernier·ère·s ont forgé votre propre adversaire intérieur. Embrassez vos rejets pour qu'ils se changent en lumière. Nul besoin de feindre la gentillesse ou l'inoffensive docilité. Seul·e·s les manipulateur·rice·s dangereux·ses s'adonnent à cette acrobatie. Servez vos propres desseins sans chercher à plaire aux « bonnes gens ».

Clés alchimiques du corps

∴ Le mot-clé alchimique : « Sert ».

∴ Le symbole alchimique : L'arsenic.

∴ La musique alchimique : *Necessary Evil* de Motionless in White, extrait de l'album *Graveyard Shift*.

Décryptages :

∴ Le titre de la carte se compose de : ad - vert - sert.

Le vert est la couleur associée au diable, liée à l'émeraude tenant lieu de troisième œil de Lucifer, interdite au théâtre car réputée portant malheur et affublant les fous dans l'ancien temps... En allant « ad-vert », soit vers le diable, c'est là que l'on peut enfin servir pleinement le dessein divin. Le « père vert » éclaire ce que tous refusent de regarder. Il se fait l'antagoniste pour nous rendre l'intégralité de notre conscience. À notre tour d'incarner son essence et de servir l'Œuvre à l'aide de sa lumière dérangeante mais nécessaire.

10. NARCISSOMANIE

OVERDOSE DE SOUFRE

Message de l'esprit

« Ton monde s'est fondé sur une blessure d'ego béante. Que je te tends pour que tu t'en fasses un remède. Ce poison est partout ici-bas. Il est en vous tou·te·s, à différents niveaux de transmutation. Après avoir reconnu le poison en toi et à l'extérieur de toi, il est temps de le transmuter. Le chemin serpentera alors de nouveau vers l'esprit. »

Réflexion de l'âme

De génération en génération, d'ego en ego, nous nous passons la maladie narcissique. Reconnaître la faille narcissique en soi est le premier pas pour se libérer du narcissisme ambiant. C'est le début de la souveraineté personnelle et divine. L'individualité nourrissante nous répond alors dans le miroir.

Regardez au-dedans puis au-dehors.

Clés alchimiques du corps

∴ Le mot-clé alchimique : « Mélusine ».

∴ Les symboles alchimiques : Le soufre dans le triangle du feu.

∴ La musique alchimique : *Down Poison* de 3 Doors Down, extrait de l'album *The Better Life*.

Décryptages :

∴ Mélusine, fée serpentine, est l'anagramme de « sélénium ».

Le soufre en excès peut représenter un masculin déviant ainsi qu'un fanatisme envers le soi-dieu. L'équilibre pour retrouver le chemin vers l'androgynat divin et la matière spiritualisée est rompu car l'être en *overdose* de soufre compense sa blessure en s'inventant une toute-puissance tyrannique. L'être tout-soufre est un·e malade narcissique irrécupérable.

Le sélénium entre alors en scène. C'est un élément chimique pouvant se substituer au soufre. Son anagramme, Mélusine, fait référence à la femme-serpent des légendes médiévales portant en elle la sagesse bâtisseuse et destructrice du féminin primordial bafoué. Elle est la déesse Lumière, son nom portant la racine *lux*, et le sélénium variant dans sa conductibilité de l'électricité suivant l'intensité de la lumière.

Sélénium et soufre peuvent alors s'allier pour former le disulfure de sélénium, un composé utilisé comme traitement dans les affections de la peau. Ensemble, ils aident à changer de peau, comme participant à une mue du serpent mythique en chacun de nous.

La sagesse du féminin primordial peut donc contrebalancer les excès de l'ego « soufrant ».

11. DÉSUNION SACRÉE

DÉVERSAGE DE L'EAU EXPLOSIVE

Message de l'esprit

« Rejouons ensemble le divorce primordial. Le déchirement d'avec ta source. Tu as cru être un fragment en besoin de réparation. Pourtant tu es déjà un tout. Tu seras toujours un tout. C'est là le secret de toutes les unions. Elles ne complètent rien. Tout est complet. C'est pourquoi ta source a dynamité tes anciennes sécurités. Dans ta chute et ta solitude, tu te retrouveras. »

Réflexion de l'âme

La séparation est un mot qui fait peur. Ce monde prône que l'union fait la force alors qu'elle peut décourager les individus à pleinement développer leurs dons car ils pensent pouvoir se reposer sur des socles extérieurs. Les potentiels s'en trouvent atrophiés et nous retombons dans une logique de besoin. Avoir besoin de l'autre fait peser tous nos manquements sur lui·ou elle plutôt que de poursuivre nos envies éclatantes et de nous unir à partir d'une plénitude saine et assumée. C'est le moment de vous désolidariser de ce qui vous avale, de ce qui nie votre totalité. Vous êtes un tout. Ne laissez pas les autres vous le prendre.

Clés alchimiques du corps

∴ Le mot-clé alchimique : « Individuation ».

∴ Les symboles alchimiques : L'Eau royale contenant l'or alchimique ou Soleil.

∴ La musique alchimique : *To Die in Your Arms* d'A Pale Horse Named Death, extrait de l'album *And Hell Will Follow Me*.

Décryptages :

∴ Individu à Sion.

L'individuation est la création et la distinction de l'individu. En langue des oiseaux, elle évoque l'individu dans la ville divine de Sion.

Le symbole de cette carte est celui de l'eau royale, eau capable de dissoudre les métaux nobles en principes inattaquables. C'est une eau corrosive et explosive qui, bien dosée, permet de raffiner l'or afin de le rendre très pur. Symboliquement, elle dépollue l'individu de ce qui ternit son soleil, représentant à la fois son ego et sa nature divine.

L'humain tout juste désuni de la source divine est Adam Kadmon, celui qui chute de la divinité la plus haute, la séphira Kether de l'Arbre de vie, ou « Couronne », vers la plus basse Malkuth, ou « Royaume ». C'est dans Tipharet, le Soleil, que s'effectue cette désunion, car cette sphère et cet astre sont porteurs d'individuation et de splendeur.

12. PUTRÉFACTION

BAIN DE SOLEIL NOIR

Message de l'esprit

« Laisse le soleil corrompu se coucher. Ton ancienne identité doit mourir. Ne t'accroche pas inutilement à l'ancien. Tout doit devenir noir. La mort est sainte. La véritable vie commence après. Ce que tu as cru être n'est qu'un masque qui se fera de plus en plus inconfortable à mesure que tu résisteras à l'envol du corbeau. Couche-toi dans le tombeau. C'est là que tu deviendras enfin toi-même. C'est là que le soleil aura une chance, un jour, de se lever véritablement. »

Réflexion de l'âme

Toute véritable révélation de soi passe par une décomposition en règle. On ne peut tendre vers un absolu en gardant ses couches superficielles, ses illusions, ses faussetés. La fin, l'anéantissement, la mort, se font doux, lancinants, invitants. Laissez-vous choir pour mieux renaître. Ou plutôt naître, enfin ! La putréfaction de l'alchimiste est un processus motivé de lâcher-prise sublime, une plongée dans l'ombre qui ne tolère aucun retour en arrière. L'ombre doit être décomposée pour être intégrée et transmutée en lumière. C'est le moment d'accepter et d'actionner ce processus en vous. Rien ne sera plus jamais comme avant. Votre être véritable vous attend au terme d'un long cheminement initiatique.

Clés alchimiques du corps

∴ Le mot-clé alchimique : « Dissolution ».

∴ Le symbole alchimique : Le soleil noir à douze branches.

∴ La musique alchimique : *Digging Up the Corpses* de DevilDriver, extrait de l'album *The Fury of Our Maker's Hand*.

Décryptages :

∴ « Di » (double) « sol » (soleil) « luz » (lumière) « Sion » (ville divine biblique).

La dissolution, dans l'œuvre au noir, est la disposition de l'humide avec le sec provoquant la putréfaction et rendant la matière noire. C'est la première étape et la plus essentielle du Grand Œuvre alchimique.

Blanche-Neige contient en elle les trois phases emblématiques de l'Œuvre, avec ses cheveux noirs comme l'ébène, sa peau blanche comme la neige et ses lèvres rouges comme le sang. Ici, elle revêt les traits d'une morte vivante, s'ancrant plus fortement dans la première étape de l'Œuvre.

13.
VAMPIRISME SACRÉ
MAÎTRISE DES FLUX DE VIE

Message de l'esprit

« Et si je te disais que le vampirisme originel est noble et que les êtres ont été créés pour être vampiriques ? Que le véritable vampirisme est une ingénierie divine qui préserve la vie et la défend ? Que cette capacité énergétique a été dévoyée et pervertie. Ose plonger tes dents dans la vie. Les échanges d'énergie sont constants. Prends et donne dans le respect de l'équilibre suprême. Sache voir ceux·elles qui saccagent les divins flux, ceux·elles qui violent, ceux·elles qui transgressent. Et sois armé·e pour les contrer. »

Réflexion de l'âme

Vous avez la capacité de prendre soin de votre énergie vitale et des énergies environnantes. Quand très peu de monde a conscience de son pouvoir énergétique, cela laisse la place à des dérives conscientes ou inconscientes. La prédisposition naturelle de l'être humain à se nourrir d'énergie sans forcément y prêter attention est le terreau fertile d'un vampirisme difficile à enrayer. Vous possédez en vous une maîtrise des flux vampiriques qui peut, si elle est travaillée, faire de vous une force noble de la nature et du divin. Mettez de la conscience dans vos interactions énergétiques et reprenez la narration de ces flux.

Clés alchimiques du corps

∴ Le mot-clé alchimique : « Vent ».

∴ Le symbole alchimique : Le serpent en forme de lemniscate.

∴ La musique alchimique : *Sun Killer* de Spiritbox, extrait de l'album *Eternal Blue*.

Décryptages :

∴ Vent-pirisme sacré.

La première vampire porte le nom de la Mésopotamienne Lilitu, probablement une forme ancienne de la Lilith des textes juifs. Elle était qualifiée de démon du vent et de succube, s'accouplant avec les hommes par des attaques vampiriques sexuelles. Le vent, souffle vif du divin, rappelle les flux d'énergie dont les vampires sont les grand·e·s magicien·ne·s. Le vent impulse d'ailleurs phonétiquement le mot « vampire ».

La lemniscate est un symbole ressemblant à un 8 couché représentant l'énergie infinie, l'éternité et le renouvellement. Couplé à l'imagerie du serpent, animal de mort et de renaissance également rattaché aux mythes vampiriques comme animal de pouvoir, il insuffle une véritable puissance d'immortalité.

14. INVIOLABLE

ENTRÉE DANS LA MATRICE DES PHILOSOPHES

Message de l'esprit

« Bienvenue dans la matrice absolue. Celle que tu n'as jamais quittée et que tu réactives lorsque tu décides de chercher la Pierre. Rappelle-toi la vie infinie couvée par le chaos créateur et sans filtre. L'énergie la plus pure née du ventre cosmique. L'athanor qui, par l'amour embrasé, fait passer de néant à éternité. C'est ta Mère qui te couve. La vraie. L'inviolable. Celle que l'on ne peut tuer. Car Elle sert la vie et peut créer aussi bien que détruire par sa force d'amour. Elle sait que tu as besoin de sa protection pour naître et renaître encore. »

Réflexion de l'âme

L'heure est à la couvaison, au processus initiateur et initiatique. La genèse de quelque chose de fort se fait jour. Que vous soyez le ventre qui donne vie ou l'œuf prêt à éclore, la dynamique est la même. On vous parle de protection absolue, de vie féroce, triomphante, solaire et éternelle. Beaucoup se sont essayé·e·s à détruire ce qui germe dans votre conscience, mais cette création est inviolable. Nul·le ne peut freiner, empêcher ou révoquer cette gestation.

Clés alchimiques du corps

- ∴ Le mot-clé alchimique : « Orphée ».
- ∴ Le symbole alchimique : L'athanor.
- ∴ La musique alchimique : *Rising* d'Otep, extrait de l'album *Hydra*.

Décryptages :

- ∴ Or-fait.

L'un des buts premiers – tant bien concret que symbolique – de l'alchimie est de créer de l'or par la transmutation des métaux vils.

Orphée est un personnage de la mythologie grecque, grand poète et musicien à l'origine d'un mouvement religieux nommé « orphisme ». Orphée, dans ses épisodes mythologiques, prouve avoir transcendé les mystères de la vie et de la mort, ce qui lui vaut de donner son nom à l'œuf orphique, un œuf enserré par un reptile.

Le symbole alchimique de cette carte est l'athanor, fourneau des alchimistes. C'est dans ce fourneau qu'ont lieu les transmutations, tout comme l'œuf évolue dans l'étreinte du dragon primordial.

15. LA DESCENTE D'ÉROS

TERRASSEMENT PAR L'AMOUR DIVIN

Message de l'esprit

« Connais-tu la vraie ardeur de l'amour ? L'amour abat nos résistances, assaillit nos remparts, explose notre raison et donne la mort à l'ancien soi. L'amour est luciférien. Il apporte la vraie lumière, redoutable, aliénante, exterminatrice. Ne cherche pas à te préparer à cette lumière. Elle s'abattra sur toi que tu le veuilles ou non quand Éros l'aura décidé. Et nul ne peut se mettre à l'abri de cet assaut. »

Réflexion de l'âme

La main de l'amour vous a choisi·e. Vous voilà adoubé·e. Et que le ciel vous vienne en aide ! Quelle que soit la nature de l'amour que vous expérimentez en cet instant, c'est le vrai visage d'Éros qui se dévoile à vous, sa nature primordiale, incommensurable, aussi mystique que tactile. Cet amour vous gouverne tout·e entier·ère et a le pouvoir de vous délester de tout ce qui vous retenait dans des prisons contre nature. Il est inutile de chercher à cadrer ou domestiquer cet amour. Il n'en existe pas de plus fauve ni de plus transfigurant. Laissez son feu vous habiter et vous guider, et ayez confiance en sa suprême et glorieuse violence.

Clés alchimiques du corps

∴ Le mot-clé alchimique : « Rose ».

∴ Les symboles alchimiques : Vénus au cœur du symbole triangulaire du feu croisé avec le sigil luciférien.

∴ La musique alchimique : *Cupid Carries a Gun* de Marilyn Manson, extrait de l'album *The Pale Emperor*.

Décryptages :

∴ Éros est l'anagramme de « rose ».

Le dieu Éros est une divinité primordiale du panthéon grec. Il est la personnification de la force divine de l'amour, force créatrice suprême, ancienne et omnipotente. Dans le panthéon romain, on le connaît sous le nom de Cupidon et c'est celui qui force les êtres à tomber amoureux en leur décochant ses flèches magiques qui embrasent les cœurs.

La rose est la plante alliée la plus emblématique de l'amour véritable. À son image, elle est gracieuse, odorante, sensuelle et piquante. On la rattache à l'énergie de Vénus, planète de la féminité et de l'amour mais également divinité cousine de l'Aphrodite grecque.

16. ÉCHO

TRAVERSÉE DE LA PAROLE DIVINE

Message de l'esprit

« Ne reste pas sur le pas du rejet. Deviens voix qui porte. Laisse celui ou·celle qui ne t'écoute pas se noyer et soustrais-toi à son jugement mal aimant et nombriliste. La surface de son tombeau deviendra raz de marée pour que ton témoignage percute le ciel. Plonge là où l'imbécile suffoque et où tout, pour toi, ne sera qu'oxygène. Déverse l'éclat de la Parole, celle qui transperce, celle qui achève. Deviens l'écho des dieux et abandonne ceux·et celles qui se complaisent dans leur sinistre reflet. »

Réflexion de l'âme

Une voie s'ouvre : celle de votre voix. Ceux et·celles qui ont refusé de vous regarder vont maintenant vous entendre. Vous franchissez la surface d'un miroir où vous ne pouviez projeter qu'un morne clapotis d'identité. Vous êtes à présent de l'autre côté d'une glace sans tain, celle où les imbéciles restent enfermé·e·s dans leurs illusions et où vous voyez tout, depuis le noir, et pouvez tout dire. Votre parole est sortie de leur prison de l'image pour franchir le mur du son. Parlez au monde endormi !

Clés alchimiques du corps

∴ Le mot-clé alchimique : « Miroir sans tain ».

∴ Les symboles alchimiques : L'eau, l'argent et le mercure.

∴ La musique alchimique : *Use My Voice* d'Evanescence, extrait de l'album *The Bitter Truth*.

Décryptages :

∴ Le miroir sans tain permet de voir sans être vu·e et enferme la personne inconsciente de ce secret de fabrication dans l'illusion de son propre reflet alors que tout un monde existe par-delà.

Le mythe d'Écho et Narcisse retrace la rencontre de celui qui ne pouvait aimer que son reflet et de celle qui ne pouvait que refléter les paroles d'autrui. Narcisse rejeta Écho et cette dernière finit par en disparaître, devenant, tout entière, reflet des voix, tandis que Narcisse se noya dans le reflet de son image. Ce mythe place Écho de l'autre côté de la surface de l'eau qui prit la vie de Narcisse, observant sans être vue.

L'eau servait à Narcisse de miroir. Cependant, c'est à base d'argent que les anciens miroirs étaient conçus. Le tain, permettant de rendre l'objet opaque, contient du plomb, métal lourd et emblématique des transmutations. Pour dissoudre ce plomb et donc symboliquement retirer le tain, rien n'est plus efficace que le mercure, métal liquide, rappelant la noyade de l'incorrigible Narcisse.

17. PASSÉ
DEUIL SOUVERAIN

Message de l'esprit

« Ne préfère pas les miettes d'une hypothèse à l'or d'un présent qui s'offre avec fougue. Ne crois pas que le futur t'attend malgré toutes tes tergiversations à l'honorer. Ton attachement à l'inachevé peut condamner tous tes lendemains. Lâche le fantôme des promesses non tenues. Reconnais la stérilité de ce que tu veux absolument réinventer terreau d'abondance. À trop regarder en arrière, on condamne toutes ses envolées. La main providentielle qui s'offre pour t'aimer ne se présentera plus si tu demeures trop affairé·e à fantasmer sur un passé qui n'a jamais rien eu à offrir. Ne te retourne pas. »

Réflexion de l'âme

Une opportunité est à honorer d'urgence. Cependant, votre passé vous entrave encore. Faites bien attention à ne pas bouder un cadeau parce que votre regard se tourne vers l'arrière. Faites votre deuil. La main du vivant qui s'ouvre pour vous se fermera à jamais si vous vous accrochez à celle de la mort. Ne vivez plus dans une réalité parallèle tout aussi faussement aguicheuse que toxique et irréaliste.

Clés alchimiques du corps

∴ Le mot-clé alchimique : « Retournement ».

∴ Les symboles alchimiques : Pluton et le danger nucléaire.

∴ La musique alchimique : *Paragon* de Soen, extrait de l'album *Lykaia*.

Décryptages :

∴ Retourne-ment (se retourner, mentir).

Dans la mythologie grecque, le poète Orphée tenta de convaincre le dieu des Enfers Hadès de ramener sa bien-aimée Eurydice à la vie. Hadès exigea qu'Orphée sorte des Enfers avec Eurydice à sa suite, sans se retourner. Évidemment, Orphée échoua, se retournant tout de même et perdant à jamais son amoureuse, fatalement reprise par Hadès.

Hadès est syncrétisé avec le dieu romain Pluton et le corps céleste du même nom. Cette carte fait ainsi le lien entre Hadès et le plutonium dans le cadre de la fission nucléaire. Ce phénomène est la division d'un noyau atomique lourd comme celui du plutonium créant une explosion atomique dévastatrice. En n'achevant pas le travail du deuil et en n'honorant pas les promesses faites à Hadès, un éclatement funeste nous guette.

18. ENSAUVAGEMENT

RÉVOLUTION NOURRICIÈRE

Message de l'esprit

« Il t'a été vendu que la civilisation était juste, droite, construite avec éthique, dans le respect de valeurs nobles, et que toute révolte contre cet ordre établi était absolument inacceptable, voire même dangereuse. Le naturel t'a été confisqué. Les savoirs ancestraux, la sagesse du corps et de l'animal, le souffle direct du divin sur ta peau, ton contact avec ton salvateur instinct, ont tous été ridiculisés, amoindris, archaïsés. Et pourtant… Le bond en avant est celui du sauvage. La loi la plus brute et ancienne est celle qui mettra fin au présent cauchemar et rendra leur avenir à ceux et celles qui s'y abreuveront. »

Réflexion de l'âme

Un savoir oublié, une sagesse interdite, une méthode singulière et ressuscitée, vous percutent et peuvent à la fois vous tenter et vous terrifier. Y toucher signifie quitter le monde tel que vous le connaissez. Laisser cette énergie sortir vous semble potentiellement ingérable, destructeur ou irrémédiable. Pourtant c'est votre salut personnel détenteur d'une clé collective qui s'érige au-dessus des règles faussement rassurantes. Votre état sauvage se rappelle à vous, vous qui ne l'avez jamais vraiment expérimenté. Et comment l'auriez-vous pu ? Cette fantaisie vous a été totalement interdite. L'heure est à l'obéissance non pas à une nouvelle loi mais à la plus ancienne et indétrônable de toutes. Celle de la révolution par l'acceptation et la mise en action de votre nature profonde.

Clés alchimiques du corps

∴ Le mot-clé alchimique : « Émeute ».

∴ Les symboles alchimiques : Fusion de Vénus et Uranus dans le triangle du feu.

∴ La musique alchimique : *Beast Within* d'In This Moment, extrait de l'album *Blood*.

Décryptages :

∴ L'émeute contient la « meute » qui se souvient de sa nature primitive et se soulève contre les abus de la civilisation.

Vénus est la planète de la féminité et de la déesse grecque Aphrodite, née de l'écume issue de la castration du dieu du ciel Ouranos (Uranus, planète de révolution et d'originalité). Ici, le féminin vecteur de sagesse primordiale, d'amour et de fertilité porte haut des valeurs anarchistes d'insoumission et de retour à un équilibre naturel véritablement beau à travers la fusion de ces deux énergies.

19. APOSTASIE

RENIEMENT SOUVERAIN

Message de l'esprit

« Abandonner n'est pas l'apanage des faibles. Certaines portes se claquent avec détermination et foudre. Certains dieux se quittent avec conviction. Certaines allégeances se brisent avec pugnacité, particulièrement quand elles ont été consenties sans en détenir toutes les clés. Te voici, prêt·e à régurgiter l'absurdité et révoquer ta signature au bas du fétide contrat qui te clouait dans une foi sans joie. Quitte ce qui t'enfermait. Crache sur le sacrement. Arme-toi du renoncement le plus virulent qui soit afin de percer le ciel qui ne cessait de maintenir ta tête courbée. »

Réflexion de l'âme

Vous êtes invité·e à quitter une foi, quelle qu'elle soit. Envers une religion, une croyance quelconque, une relation, un courant de pensée, une entreprise... Ne faites pas que partir. Reprenez toutes vos promesses devenues vides. Brûlez les contrats qui vous attachent et vous endettent. Ne laissez rien derrière vous. Décrochez tous les hameçons qui vous saignent. Votre énergie s'envole vers des cieux plus cléments et c'est vous qui le permettez.

Clés alchimiques du corps

∴ Le mot-clé alchimique : « Sacrement ».

∴ Les symboles alchimiques : L'épée ailée de la connaissance et l'élément de l'air.

∴ La musique alchimique : *Judith* de A Perfect Circle, extrait de l'album *Mer de Noms*.

Décryptages :

∴ Sacré-ment.

Les sacrements, rites sacrés, deviennent mensongers quand ils perdent leur valeur à nos yeux. L'apostasie, abandon d'une religion ou d'un courant de pensée, s'active grâce à cette clé qui rappelle l'importance de vivre une vie et une spiritualité alignées, vraies et puissantes.

L'épée, symbole guerrier de justice divine, à double tranchant, adoube ou défait. Chevauchée par le serpent, révélateur des mystères et apporteur de la Connaissance, elle déploie véritablement ses ailes. Couplée au symbolisme des cieux à travers l'élément de l'air, elle rétablit le véritable sacrement et débarrasse des allégeances poisseuses. Pointée vers le haut, elle défie l'ordre cosmique.

20. LA REINE
TRIOMPHE FÉMININ

Message de l'esprit

« Elle est le potentiel de mouvement infini qui bouillonne en chaque ventre. Toutes les directions lui sont possibles. Pour elle, la puissance offre la liberté avant tout. Nombreuses sont celles qui ignorent encore qu'elles sont les pièces maîtresses de l'échiquier humain. Les faibles ont mis les reines en cage et les ont persuadées que leur don de vie les limitait. Si elle s'autorise à gagner et donc à être libre, tous ses alliés triompheront dans son sillage. »

Réflexion de l'âme

Votre polarité féminine souffre d'étouffement. Une cage symbolique l'enserre. Vous êtes encouragé·e à vous en affranchir. Exister n'a jamais été un acte libre jusqu'ici. Se croire aimé·e se payait très cher. Votre espace était grignoté subrepticement jusqu'à totalement disparaître sous le poids du caprice de celui qui estimait juste de s'imposer à votre réalité, comme si cela était un service que l'on vous rendait. Si votre soumission n'était pas suffisamment zélée, une punition était programmée. Tout consentement donné vous a enfermé·e davantage, le retour vers la liberté se révélant de l'ordre de l'exploit. L'aplomb souverain doit désormais orienter votre trajectoire. Et un regard impitoyable envers ce qui profane, viole et transgresse, même de façon inconsciente, doit habiter chacun des prochains coups que vous jouerez pour retrouver la force sereine de la reine.

Clés alchimiques du corps

- ∴ Le mot-clé alchimique : « l'Arène ».
- ∴ Les symboles alchimiques : La reine des échecs et la Lune à ses pieds dans le carré.
- ∴ La musique alchimique : *God is She* d'In This Moment, extrait de l'album *Mother*.

Décryptages :

- ∴ La reine retrouve son pouvoir quand elle comprend qu'il réside dans la reprise du territoire, « l'arène » où elle combat pour être libre et rendre libre.

La reine est la pièce la plus puissante du jeu d'échecs et elle est seule à pouvoir se mouvoir dans toutes les directions.

La reine alchimique est représentée par la lune alchimique à ses pieds, telle une madone en pleine possession du pouvoir féminin. Dans le carré, elle investit le territoire patriarcal, le cadre, la case, pour les maîtriser.

21. LE ROI
RÉVÉLATION DE LA NOBLESSE CACHÉE

Message de l'esprit

« Qui est le roi ? La noblesse est une question que je te pose et non pas une réponse que je t'apporte sur un plateau doré. Je vais te dire ce que le souverain n'est pas : l'évidence baignant dans le luxe, l'autoritarisme et les privilèges. Il n'est pas celui que tous appellent "roi". Peut-être qu'il est un roi dans un roi. Une saillie inattendue. Le porteur d'un sexe insolite. Une sagesse incarnée, prête à protéger les peuples et guider les héros. »

Réflexion de l'âme

Le porteur du pouvoir n'est pas celui que tous attendent. La vraie noblesse n'est pas liée aux privilèges. Comprenez que, pour incarner la souveraineté, il conviendra de vous démarquer par vos idées, vos valeurs et votre capacité à porter vos idéaux dans le monde. Un bon roi en est un de l'ombre. Un porteur de lumière qui ne cherche pas à éblouir mais à éclairer. Ne cherchez pas la reconnaissance du statut mais visez la mission.

Clés alchimiques du corps

∴ Le mot-clé alchimique : « Sommet ».

∴ Les symboles alchimiques : Pallas et la couronne d'olivier dans un bouclier orné de la clé grecque.

∴ La musique alchimique : *Throne* de Bring Me the Horizon, extrait de l'album *That's the Spirit*.

Décryptages :

La déesse Athéna est née de la tête, sommet par excellence, de son père, le roi olympien Zeus, souverain de tous les dieux du panthéon grec, le dieu ayant avalé sa première épouse enceinte d'Athéna, afin de se prémunir contre une prophétie selon laquelle il serait détrôné par sa descendance. Il accoucha lui-même d'Athéna, qui devint sa fille préférée.

L'olivier est l'arbre emblématique d'Athéna et représente un symbole de paix puissant. Zeus est justement coiffé d'une couronne d'olivier et c'est précisément par sa tête, siège de sa couronne, que jaillit sa fille. Cette dernière est appelée Pallas Athéna, ayant absorbé l'identité de son amie d'enfance Pallas, morte lors d'un accident d'entraînement au combat. L'astéroïde Pallas représente les qualités d'Athéna, la vierge guerrière, et ressemble à une Vénus carrée et masculine ou bien encore à une petite lance, arme emblématique de la déesse de la guerre et de la sagesse.

22. POUVOIR
EXERCICE DE LA PUISSANCE DIVINE

Message de l'esprit

« Le pouvoir te fait-il peur ou t'attire-t-il ? T'en juges-tu digne ? Le trouves-tu sale ? Comme il est à la fois drôle et triste de voir l'humanité gesticuler autour de cette notion, car le pouvoir n'est ni bon ni mauvais. Ce que tu en feras t'appartient. Vouloir le pouvoir à tout prix pour les mauvaises raisons est un suicide alchimique. Refuser le pouvoir par humilité grotesque et fausse croyance new-ageuse est la plus absurde des masturbations intellectuelles fomentée par vos néo-gourous ! Prends le pouvoir si tu te veux utile ! Le pouvoir ne pervertit rien. Le pouvoir révèle qui tu es. »

Réflexion de l'âme

Il est temps de reconsidérer votre rapport au pouvoir. Soit vous le pourchassez avec fièvre, soit vous le refusez avec fougue. Il vous échappe quoi qu'il en soit. Votre regard est biaisé. Prenez vos responsabilités ! Le pouvoir agit dans la matière pour l'aider et non pas pour l'asservir. Envisagez-le dans sa pureté et nettoyez vos ombres en ce qui le concerne.

Clés alchimiques du corps

- ∴ Le mot-clé alchimique : « Providence ».
- ∴ Les symboles alchimiques : L'uræus et l'œil de Rê.
- ∴ La musique alchimique : *Take the Power Back* de Rage Against the Machine, extrait de l'album *Rage Against the Machine*.

Décryptages :

La providence est l'action du divin dans la matière et signifie aussi, de façon plus populaire, un événement auspicieux semblant venir à nous par la grâce divine. L'action de la puissance divine, le pouvoir, est donc, dans son essence, salutaire, agissant comme une bénédiction dans le monde humain.

L'œil de Rê, symbolisé sur la coiffe des pharaons par l'uræus, est l'œil du dieu solaire du panthéon égyptien, œil qui voit tout et donc peut tout, cet œil étant également une déesse agissant sur terre au nom de son père. L'œil devient alors main et ne reste pas cantonné au seul potentiel. Cet œil a plusieurs incarnations divines, dont la déesse léonine Sekhmet. En alchimie, le lion a justement une place initiatique particulière, le lion vert, encore immature, devant manger le soleil pour devenir rouge et pleinement incarner la souveraineté et la maturité.

23. APOTHÉOSE
ACCESSION À LA DIVINITÉ

Message de l'esprit

« Que dois-tu faire pour atteindre le grand tralala ? Quelles contorsions le monde terrestre exige-t-il de toi ? Que devras-tu abandonner ? Qu'auras-tu à gagner ? La divinité est-elle de ce monde et peux-tu humblement y prétendre ? T'attireras-tu des foudres si tu oses l'outrecuidante course à l'apothéose ? La divinisation est-elle à conquérir ? Crois-tu que cette quête soit capricieuse, fantasque, déplacée ? Sais-tu que ta divinité est le plus vieux souvenir de ton essence ? L'apothéose est une réappropriation. C'est ton authentique héritage. »

Réflexion de l'âme

Une récompense vous attend mais vous pouvez entretenir la fausse idée selon laquelle ce sésame n'est pas intrinsèquement fait pour vous. Osez vous hisser au niveau des cieux, c'est un siège qui vous convient. Certes, des escarpements, épreuves et douleurs peuvent faire partie du pèlerinage. Mais tout ce qui vous écorche n'est que l'épuration nécessaire mettant en lumière l'or qui réside dans vos mains.

Clés alchimiques du corps

∴ Le mot-clé alchimique : « Mandragore ».

∴ Les symboles alchimiques : La main des mystères et la constellation de la Lyre.

∴ La musique alchimique : *Revival* d'Orgy, extrait de l'album *Candyass*.

Décryptages :

La main de gloire est le nom d'un talisman sorcier datant de la Renaissance en Europe de l'Ouest, fabriqué à l'aide d'une main découpée sur un cadavre et servant à faire brûler une bougie en graisse humaine. Cet objet de pouvoir servait de panacée insolite et son nom serait dérivé de la mandragore, plante toxique à la réputation sulfureuse et à la silhouette humanoïde.

La main des mystères est un symbole des transmutations alchimiques conduisant à l'apothéose. Orphée, mort déchiqueté et dévoré par des bacchantes, est un personnage mythologique célèbre ayant accédé à ce sésame divin, sa lyre ayant rejoint le ciel et devenant une constellation.

24. AUBE
FLAMBOYANT RÉVEIL

Message de l'esprit

« Nous avons chuté, chaque strate de réalité défilant sans que nous ne puissions avoir de prise sur quoi que ce soit. Du plus haut vers le plus bas. La descente fulgurante. L'impact se rapprochant, angoissant. Et cette question nous hantant : "Dans quel état notre conscience va-t-elle se relever ? Si elle se relève un jour…" Et nous voici. Au sol. Ayant traversé l'infranchissable. Morcelé·e·s mais résistant·e·s. Nous reconstituant et ramenant le ciel avec nous. Ici. Des bouts du feu de Dieu foulant le sol terrestre. Nous faisons peur et pour cause. Nous amenons l'embrasement et une aube inédite. Nous sommes le grand appel. La fin des illusions. L'œil éternellement ouvert qui arrachera le monde au sommeil. »

Réflexion de l'âme

C'est un moment de réveil exaltant. Une clarté fusante vous ouvre en deux. La vérité qui vous mobilise actuellement est subversive, inconvenante. Un feu s'allume en vous et vous empêchera désormais de vous apaiser. Plus jamais vous ne pourrez vous reposer sur autrui jusqu'à totalement externaliser votre capacité à vous en sortir. Vous êtes irrémédiablement réveillé·e ! Passé un moment de choc et d'acceptation, vous allez pouvoir pleinement jouir de ce qu'offre cette connaissance élargie.

Clés alchimiques du corps

∴ Le mot-clé alchimique : « Orange ».

∴ Les symboles alchimiques : Le pentagramme inversé ailé et la croix de Léviathan.

∴ La musique alchimique : *Descending* de Tool, extrait de l'album *Fear Inoculum*.

Décryptages :

L'orange est un fruit autant qu'une couleur sacrée, le chakra sacré étant orange. En langue des oiseaux, il s'agit de l'ange d'or, ange alchimique. Les anges, pour nous apporter l'or, la transmutation ultime, doivent eux-mêmes chuter pour nous apporter le flambeau divin. Ils sont, intrinsèquement, les anges déchus, étincelle divine venant du plus haut pour nous toucher dans le plus incarné, et nous sommes à leur image.

Le pentagramme inversé est un symbole du divin descendant dans la matière. Il porte les ailes des anges et est enflammé par la croix de Léviathan, soufre noir, en son centre, symbole du divin le plus sombre et donc, paradoxalement, de l'esprit le plus flamboyant et conscient, pulvérisateur de toutes les illusions.

25. CRÉPUSCULE

ABOLITION DE L'IDOLÂTRIE

Message de l'esprit

« La fascination émoussée. La connivence détruite. La grandeur devenue monstruosité. Ce qui te semblait autrefois divin ne l'est plus et ne l'a peut-être jamais été. Le piédestal se fissure. Le faux roi révèle ses guenilles. La mise en scène s'effrite. Que reste-t-il de ceux et celles que tu as idéalisé·e·s ? Divinisé·e·s ? Rien ne subsiste à part ce qu'ils et elles sont vraiment. Des copies d'imitations. Des parjures. Des édifices à brûler. Saisis-toi de l'arme philosophale et destitue tes idoles. »

Réflexion de l'âme

Contre toutes attentes, quelqu'un·e ou quelque chose se révèle décevant·e, opposé·e à vos valeurs. Vos anciennes admirations sont à reconsidérer et cela ne doit pas s'arrêter au cas présent. Placer trop haut ce qui est extérieur à soi est fondamentalement toxique. Pour rayonner la divinité en soi encore faut-il ne pas trop la placer en l'autre. D'autant plus quand cet·te autre la pulvérise par ses manquements. N'idéalisez plus. Incarnez votre idéal.

Clés alchimiques du corps

∴ Le mot-clé alchimique : « Marteau ».

∴ Les symboles alchimiques : Mjöllnir et le valknut.

∴ La musique alchimique : *Unveiled* de 3Teeth, extrait de l'album *3Teeth*.

Décryptages :

Le *Crépuscule des idoles ou Comment philosopher avec un marteau* est un ouvrage de philosophie écrit par Friedrich Nietzsche, écrivain ramenant la valeur humaine à l'individu, en 1888. Ainsi Nietzsche abattait son marteau philosophique sur la pensée communautariste, grégaire, impressionnable et dogmatique. Cette mise à mort des idoles externes garantit une souveraineté personnelle qui ne se perd pas dans l'admiration délétère.

Mjöllnir est le marteau de Thor, dieu nordique de la foudre, arme divine la plus puissante connue. Allié au symbolisme du valknut, le nœud des occis, tombés au combat, il démolit ce qui doit l'être.

26. ÉPIPHANIE

NOUVEAU RÈGNE DIVIN

Message de l'esprit

« Une lumière nouvelle et pourtant tellement ancienne se déverse sur toi, t'électrisant tel le tonnerre, rasant toute ancienne conception de ce qui comptait. Tout est à redéfinir, toi y compris. Les faux rois seront destitués, les nouvelles reines couronnées. Un rééquilibrage des pouvoirs et des valeurs s'ordonne en cadence. Les cadeaux pleuvront aux pieds des jeunes idées et les vieux schémas seront fauchés. L'eurêka divin, violent et exaltant, réorganise ton monde. Laisse l'éclair te traverser et manifester ses splendeurs. »

Réflexion de l'âme

C'est le moment de l'éclair de génie et de la compréhension à la fois intellectuelle, émotionnelle et spirituelle des idées nouvelles. Cette intégration inédite et accélérée vous permettra de manifester dans le concret de nouveaux concepts, qu'ils viennent de vous ou d'une source extérieure. Les jeux de pouvoir se réorganisent pour vous permettre de profiter d'un nouvel ordre ajusté et sur mesure.

Clés alchimiques du corps

∴ Le mot-clé alchimique : « Étoile ».

∴ Les symboles alchimiques : Fusion de Saturne et Jupiter au sein de Vénus.

∴ La musique alchimique : *The Truth* de Limp Bizkit, extrait de l'album *The Unquestionable Truth (Part 1).*

Décryptages :

Les symboles de Saturne et Jupiter sont ici réunis pour représenter le phénomène astrologique de grande conjonction, quand ces deux planètes se rejoignent, phénomène ayant potentiellement été à l'origine de la fameuse étoile de Bethléem. Cette étoile aurait guidé les savants venus d'Orient, mieux connus dans le folklore chrétien comme les Rois mages. Ces hommes auraient apporté des cadeaux à l'enfant Jésus-Christ considéré comme la manifestation du divin dans la matière. Le symbole de Vénus – elle aussi surnommée étoile du matin ou du Berger –, qui englobe cette réunion de planètes, peut représenter l'opération de conjonction en alchimie mais également la prévalence du féminin. De plus, Saturne se syncrétise avec le dieu grec Cronos, destitué par son fils Zeus, lui-même syncrétisé avec Jupiter. Quand ces deux planètes reviennent en grande conjonction, il est question de lutte de pouvoir et d'instauration d'un nouveau règne.

27. SACRIFICE

TRANSMUTATION DU MARTYRE

Message de l'esprit

« Chaque époque se choisit ses martyr·e·s. Pour dominer, ceux·et celles qui n'ont plus une once de divinité intérieure s'acharnent à dépouiller les corps ensemencés d'amour de leur sève sacrée. Le don de soi, parfois consenti, souvent subi, se transforme en saignée sacrificielle à une idole dévoyée. Le sacrifice est un acte dévotionnel puissant que de nombreux êtres pratiquent sans le savoir et que les tyrans détournent en usurpant le Nom imprononçable. Je viens te décrocher de ta souffrance, autrefois amour offert aux pieds d'un faux dieu. Ton martyre devient guérison, force et chant de guerre. Ton cœur enflammé ne s'éteindra pas sous les piétinements de celui qui n'a pas de visage. Porte ton cœur loin devant toi, personne ne te le volera sous ma protection. »

Réflexion de l'âme

Vos sacrifices, aussi douloureux soient-ils devenus, trouvent une issue favorable. Vous n'aurez plus à tout donner, poussivement, à un système ou à des êtres gourmands de vos dons. La souffrance n'est pas censée être un passage obligé à l'ouverture de la conscience. Cependant, elle est indéniablement initiatique dans bien des contextes. Regardez vos sacrifices comme un cadeau que vous vous faites à vous-même et que vous faites également à la divinité en vous et à l'extérieur de vous. Vous n'avez plus à vous dépouiller. Vos dons seront désormais reconnus et appréciés.

Clés alchimiques du corps

∴ Le mot-clé alchimique : « Sacré-Cœur ».

∴ Les symboles alchimiques : Le cœur de Vénus enflammé et transpercé.

∴ La musique alchimique : *Suicide Messiah* de Black Label Society, extrait de l'album *Mafia*.

Décryptages :

Le Sacré Cœur symbolise l'amour de Jésus Christ, le sauveur et martyr crucifié de la religion chrétienne. Cet amour divin, offert aux humains, hors de tout dogme et resitué dans une période moderne, peut être celui des femmes et des mères qui sacrifient leurs dons dans les sphères intimes ou publiques tout en essuyant les violences systémiques d'un patriarcat tellement pervers qu'il va jusqu'à nier sa propre existence.

Le cœur enflammé du martyre est ici surmonté du symbole de Vénus, le féminin étant crucifié sur une croix patriarcale.

28. SACRILÈGE
PROFANATION DU DIVIN

Message de l'esprit

« Ils veulent entrer. Ils veulent savoir. Comprendre. Toucher à ce qui leur échappera toujours. Pour saisir l'insaisissable, ils le singeront, l'usurperont, le fantasmeront tout en le salissant. Si le sacré leur garde porte close, ils tenteront de l'assaillir par la ruse ou la force. Tout refus leur est insupportable car ils veulent posséder et ne tolèrent pas l'idée qu'il n'y a qu'à être, eux qui n'ont que des masques pour visage. Révoque tes invitations, même inconscientes. Renvoie ceux qui violent continuellement ton temple. N'écoute plus leurs simulacres d'âme. Le vide cherchera toujours à avaler, sans fin. Ne le nourris plus. »

Réflexion de l'âme

Accéder véritablement au divin demande de se délester de ses faux-semblants, de ses mensonges, de ses illusions. Il faut avoir l'âme d'un·e alchimiste, prêt·e à tout remettre en question en soi et hors de soi pour traverser les œuvres de l'art sacré. Aucun raccourci n'est possible pour toucher à la vérité flamboyante sous peine de se brûler. Vous ne pourrez pas réussir en vous mentant à vous-même, en dissimulant vos ombres à l'œil qui voit tout. De la même façon, les autres qui gravitent autour de vous comme des abeilles cherchant frénétiquement à butiner ne pourront jamais profaner vos mystères si vous les gardez comme il se doit. Toute intrusion passée servira votre cause si vous la transmutez. Pour cela il faudra reconnaître ce qui est sacré pour vous et en vous-même. « Les profanateurs n'ont comme pouvoir que celui que vous leur octroyez. »

Clés alchimiques du corps

∴ Le mot-clé alchimique : « Masque ».

∴ Le symbole alchimique : Le chakra coronal fissuré.

∴ La musique alchimique : *Freak on a Leash* de Korn, extrait de l'album *Follow the Leader*.

Décryptages :

Porter un masque revient à dissimuler son vrai visage. Si cette posture est permanente, elle traduit un vide identitaire et un abandon de la quête alchimique et divine.

Le chakra coronal est celui qui, situé au sommet du crâne, à la place de la couronne, relie au divin, que ce soit pour émettre ou recevoir.

29. LA MAISON
RÉUNIFICATION DE L'ÂME

Message de l'esprit

« Sais-tu ce qu'est la Maison ? C'est la destination ultime que toutes les couches dimensionnelles de ton être recherchent. La Maison est ton centre divin, le cœur de tout ton univers. Un cadeau t'est offert : un véhicule vers cette Maison. Pour pleinement l'emprunter et te mettre en route, il faudra accepter de ne pas tout comprendre, de ne pas tout maîtriser et de briser ce qui faisait tenir ton ancien monde debout. Sors de tes désirs enfermants. Le miroir souffrant doit être ébranlé pour que tu t'en extirpes. Réunis la Lune et le Soleil pour que la voie se solidifie. Saisis ta chance. Embrasse-la. »

Réflexion de l'âme

Une circonstance, une rencontre, une occasion, se présentent à vous. Vous ne comprendrez certainement pas tout ce que ce cadeau étrange renferme en bénédictions mais une chose est sûre : vous devez vous en saisir. La vie ne vous laissera pas en paix tant que vous ne serez pas décidé·e à avancer vers l'inconnu, qui n'est autre que la plus familière des énergies pour vous. La prochaine étape du parcours implique une poussée en avant et un saut de la foi. Une embrassade de quelque chose d'à la fois fragilisant et galvanisant. Prenez courage et abandonnez-vous à la traversée.

Clés alchimiques du corps

- ∴ Le mot-clé alchimique : « Âme ».
- ∴ Les symboles alchimiques : Le soufre contenant la réunion de Sol et Luna.
- ∴ La musique alchimique : *Mercy Mirror* de Within Temptation, extrait de l'album *Resist*.

Décryptages :

- ∴ L'âme initie le retour à « l'âme-aison ».

L'âme est ce qui relie l'esprit et le corps dans le voyage alchimique. L'âme, scindée en polarités féminine et masculine, retrouvant son unité au sein du corps ayant traversé un éveil de l'esprit, nous appelle à rentrer à la Maison par le biais des rencontres sacrées.

Le soufre peut représenter le cadre de la Maison divine. Le Soleil et la Lune contenus en son centre signifient que la réunion des polarités, séparées au moment de la chute dans la matière, s'effectue par le biais des reconnections entre êtres provenant d'une même source.

30. NIGREDO

DESCENTE DANS LES OMBRES

Message de l'esprit

« Tou·te·s parlent de l'ascension et de l'accession à la lumière. Cependant, tu ne pourras monter que si tu descends. Creuse ! Arrache la surface à pleines mains pour aller toucher au sublime de la pourriture. La connaissance ultime ne se satisfait pas d'efforts superficiels. Il faut mourir au monde pour cesser de se mentir à soi. Descends dans le noir le plus révulsant, le chaos qui te terrorise. Saisis la main de tes démons qui te narguent par-delà les flammes. La descente est divine. La descente est prévue. La descente est non négociable. Emprunte les terrifiants tunnels que, jusqu'ici, tu as fuis avec rage et terreur. »

Réflexion de l'âme

Il est grand temps pour vous de ne plus fuir votre passé, votre inconfort, vos traumatismes et vos conditionnements. Tout ce qui est inconfortable, difficile et douloureux doit être traqué avec une détermination sans pareil. L'ancienne version de vous doit disparaître pour de bon. Cette annihilation du vil ne peut s'opérer qu'en regardant, comprenant et intégrant l'ombre dévorante qui réside dans vos profondeurs depuis bien trop longtemps. Ayez du courage et acceptez de vous effondrer s'il le faut pour vous relever par la suite.

Clés alchimiques du corps

- ∴ Le mot-clé alchimique : « Vitriol ».
- ∴ Le symbole alchimique : Le vitriol.
- ∴ La musique alchimique : *Blackened Heart* de Combichrist, extrait de l'album *This is Where Death Begins.*

Décryptages :

- ∴ *Visita Interiora Terrae Rectificando Invenies Occultum Lapide* : « Visite l'intérieur de la terre et, en rectifiant, tu trouveras la pierre cachée ».

Le vitriol des alchimistes est retranscrit dans cet acronyme invitant l'initié·e à plonger dans ses profondeurs afin d'évoluer dans son pèlerinage.

Le vitriol ressemble à un cercle dans lequel on creuse, effectuant une percée vers le centre.

31. NUIT OBSCURE

PASSAGE À VIDE DE L'ÂME

Message de l'esprit

« Je ne te guide plus car le noir a pris le dessus sur moi. C'est le vide qui te porte à présent, et ce jusqu'à nouvel ordre. Le néant doit être traversé pour me retrouver. Laisse-toi fondre dans la vase, enlise-toi, respire le parfum doucereux du rien. Une fois suffisamment malmené·e par cette énergie qui, sans que tu ne le saches, fait partie de toi, tu comprendras bien mieux qui tu es, où tu vas et ce que tu mérites. Tu sauras qui je suis, moi aussi, et tu ne t'abaisseras plus à accepter moins que ce que nous valons. »

Réflexion de l'âme

Un instant de passage à vide général ou ciblé peut se présenter à vous. Ne cherchez pas à reculer vers une lumière rassurante et factice. Embrassez la leçon et avancez vers ce qui est inconfortable. Acceptez que l'on vous retire ce qui vous aurait fallacieusement soulagé·e. C'est le moment de prendre une grande respiration avant une nage coulée potentiellement étouffante mais aussi extatique. Vous délester de vos sécurités et vous laisser aller dans l'inconnu et la déstabilisation pourrait, contre toute attente, se révéler salvateur voire jouissif. De l'autre côté de cette épreuve qui chamboule, cette inégalable crise de foi, une nouvelle lumière pourra naître et se révéler.

Clés alchimiques du corps

- ∴ Le mot-clé alchimique : « Traversée ».
- ∴ Le symbole alchimique : La lune noire.
- ∴ La musique alchimique : *Moonlapse Vertigo* d'Opeth, extrait de l'album *Still Life*.

Décryptages :

- ∴ Travers-sait (traverser pour savoir).

La traversée de la nuit obscure de l'âme dévie de la trajectoire rassurante et habituelle. Cependant, c'est un vecteur de savoir ultime pour toutes les composantes de l'être, un passage initiatique obligé.

La lune noire astrologique, également appelée « Lilith » en l'honneur de la divinité sombre du même nom, désigne un point vide dans la trajectoire lunaire autour de la Terre. Cette Lilith céleste et fantomatique renferme à la fois la part de vie décadente et passionnelle de l'individu, sa soif d'exister et sa plus profonde énergie de mort, de vide et d'épreuve.

32. MATER DOLOR-ROSA

DON D'AMOUR ÉPROUVANT

Message de l'esprit

« Mon amour se renouvelle sans cesse, alimenté par le sel de tes blessures. Je t'aimerai jusqu'à l'obscénité. Je t'habiterai encore, même quand tu te croiras froid comme la glace. Je suis l'amour souverain qui se donne, même écartelé, renié, vierge d'être dûment honoré. Je suis la rose aux pétales éternels et crucifiés, la coupe emplie du nectar boudé. Je suis celle que tu ne vois pas alors qu'elle s'offre nue, supérieure en tous points à tout ce que tu pourras rêver de connaître. Celle que tu remets sans cesse en question car tu sembles incapable de saisir son fruit d'immortalité. Tu crois vouloir toucher au divin mais tu n'oses pas te hisser jusqu'à moi. Et tandis que tu m'ignores et que tu refuses de me boire tout entière, je répands à tes genoux l'or piétiné. »

Réflexion de l'âme

Quand quelque chose de très précieux vous est offert, comment l'honorez-vous ? Cette carte vous invite à sortir de vos limites, de vos doutes, de votre répugnance à vous abandonner à des délices inédits. Plus vous rechignerez à boire à la source qui se révèle à vous, plus elle se fera souffrante même si elle est éternelle et inlassable. Soyez reconnaissant·e et alimentez ce qui vous nourrit. Ne restez pas dans la timidité, le sentiment d'imposture, la retenue ou la tiédeur. Aimez autant que l'on vous aime.

Clés alchimiques du corps

∴ Le mot-clé alchimique : « Ouroborose ».

∴ Le symbole alchimique : L'ouroboros et la rose.

∴ La musique alchimique : *Faith Divides Us – Death Unites Us* de Paradise Lost, extrait de l'album *Faith Divides Us – Death Unites Us.*

Décryptages :

∴ Ouroboros + rose.

L'ouroboros est le symbole du renouvellement infini, reptile qui se mord la queue et rejoue la mort et la naissance, sans cesse.

La rose, fleur hautement alchimique, est la gardienne d'une sagesse d'amour. On retrouve sa signature dans « Mater dolor-rosa », la mère de douleur, pleureuse, madone qui aime jusqu'à la mort et au-delà.

Le serpent de l'ouroboros devient ici l'amoureux·se suprême.

33. ALBEDO

REVIRGINISATION COSMIQUE

Message de l'esprit

« Après avoir tout déversé dans le fond de ton abîme, l'heure est venue de retrouver le chemin de la lumière. La réparation est proche. Mais tu es nu·e dans une clarté blafarde. Les compréhensions nouvelles sont dures. Comment repeupler ce qui a été dynamité à coups implacables de conscience ? Seul·e toi devra en décider. C'est esseulé·e et dépouillé·e que tu pourras rebâtir, à partir de rien. Ce néant qui fut poussière est prêt à fleurir sur le terreau de ton innocence retrouvée. »

Réflexion de l'âme

Un chapitre de votre vie est bouclé. Vous ne retournerez plus en arrière. Vous avez peut-être attendu ce moment avec fougue mais, maintenant qu'il se présente, votre dénuement peut vous déstabiliser. Vous ne vous sentez pas armé·e. Vous espériez une transition plus douce. Appréciez cette mise à nu et ce territoire totalement neutre. Vos choix vont de nouveau mettre en marche une réalité dont il faudra vous contenter. Faites en sorte de voir l'opportunité que représente le fait de repartir à zéro.

Clés alchimiques du corps

- ∴ Le mot-clé alchimique : « Voie lactée ».
- ∴ Le symbole alchimique : L'astéroïde Junon dans la roue zodiacale.
- ∴ La musique alchimique : *Blood, Milk and Sky* de White Zombie, extrait de l'album *Astro-Creep: 2000.*

Décryptages :

- ∴ La Voie lactée était autrefois appelée « chemin de Saint-Jacques » en référence à Saint-Jacques-de-Compostelle.

Ce chemin évoque le pèlerinage alchimique en puissance, l'étoile (*stella*) étant cachée dans le compost, comme le dit l'alchimiste Patrick Burensteinas. Dans l'œuvre au blanc, aussi appelé « albedo », la lumière apparaît après la traversée de l'œuvre au noir. La Voie lactée, abritant ces fameuses étoiles, possède son propre mythe. Dans la mythologie grecque, ce serait le sein d'Héra (Junon chez les romains), reine des dieux, qui aurait expulsé ce lait divin alors que le nourrisson Héraclès cherchait à s'y abreuver. Le héros connu pour ses douze travaux offre un parallèle intéressant avec les douze constellations du zodiaque contenues dans la Voie lactée. Héra, en plus d'être la détentrice du lait cosmique, est souvent désignée à l'aide de l'épithète « Héra aux bras blancs » ou « Héra aux yeux de vache » en référence à son pouvoir lacté. De plus, le lait maternel est souvent qualifié d'or blanc, rappelant la transmutation alchimique. C'est le lait, ici, qui active la sagesse de l'œuvre au blanc.

34. BOL D'AIRAIN

CONNEXION DU CORPS

Message de l'esprit

« C'est là que résident tous tes démons. Tous ceux que tu transmuteras pour en faire tes guerriers, ta garde exclusive. Ton mental souverain est ce réceptacle d'idées géniales capable de comprendre, apprendre et émettre. Et ton autre enceinte active, ce sont tes reins, au pouvoir purifiant et accueillant. C'est le duo tant redouté dans l'incarnation que j'active en toi aujourd'hui. Le creux de tous tes fantasmes, de toutes tes soifs et de toutes tes poursuites. Tu penses, tu veux, tu conquiers. Cela est bon, cela est voulu. Cela est humain. Contiens et comprends. Ton mental et ta sexualité sont les vases de l'esprit. Fais-les déborder. »

Réflexion de l'âme

Vous êtes appelé·e à vous déculpabiliser concernant le fait de « trop » penser et, par extension, de vous en référer à votre mental, à vos idées, à vos fantasmes, désirs et fruits de l'imagination. Le cœur n'est pas le seul réceptacle du bon et du bien. Ce qui est divin a besoin d'être compris, conceptualisé et aimé avec la tête mais aussi avec les instincts tabous. Quand le mental ne fuit plus, il contient, il participe au flux sain et vous alimente, vous sert. Il ne vous séparera pas du monde mais vous offrira de nouvelles perspectives de connexion. Pensez avec passion. Accueillez ce flux intellectuel. Votre tête et votre sexe sont les deux pôles souverains du corps.

Clés alchimiques du corps

∴ Le mot-clé alchimique : « As d'épée ».

∴ Le symbole alchimique : L'épée dans le sceau de Salomon.

∴ La musique alchimique : *Aviary* d'Ego Likeness, extrait de l'album *The Order of the Reptile.*

Décryptages :

∴ Le bol d'airain ou « air un ».

Cette clé fait référence à la première carte de la suite des épées liées à l'élément de l'air dans le tarot, lame de souveraineté du mental.

L'épée du mental s'allie au sceau de Salomon, symbole de maîtrise ésotérique et de souveraineté hérité du roi légendaire de la lignée de David. Salomon était réputé pour avoir réussi à construire son temple avec l'aide de la totalité des démons qu'il aurait emprisonnés dans un bol d'airain.

35. DIAMANT

ALIGNEMENT SUPRÊME

MESSAGE DE L'ESPRIT

« Tout ce que tu poursuis est atteignable à condition de parvenir à un alignement de Moi à toi. Chaque strate dimensionnelle doit s'accorder, comme sous les divines instructions d'une partition surnaturelle. Quand le corps accueille le flux de l'âme qui à son tour fait descendre l'esprit, le tout dans une justesse intense, pureté, solidité et éclat recouvrent toutes les fibres de ton être. C'est au cœur d'un diamant brut, totalement relié entre le haut et le bas, que tous tes désirs, tous tes voyages et toutes tes actions traduiront ta perfection. »

RÉFLEXION DE L'ÂME

Un adage dit que ce que vous voulez vous veut. Cependant ce n'est que quand ce que vous désirez est aligné avec les plans à la fois célestes et chtoniens, les lumières les plus hautes et les profondeurs les plus abyssales, que les déclenchements peuvent s'opérer. Quand vous vibrez ce qui est juste pour vous et que votre ego s'allie à des plans subtils, la magie opère. Vous pouvez alors être protégé·e, exaucé·e, au bon endroit. Tout doit s'aligner et coopérer pour fluidifier votre expérience. Ne bloquez pas ce que vous ne maîtrisez pas encore. Travaillez à intégrer pour comprendre et débloquer.

Clés alchimiques du corps

∴ Le mot-clé alchimique : « Charbon ».

∴ Le symbole alchimique : La double pyramide ou diamant brut.

∴ La musique alchimique : *Royals* d'Otep, extrait de l'album *Generation Doom.*

Décryptages :

∴ Le charbon est à l'origine de la formation des diamants sous l'effet de la compression et de la chaleur.

Le diamant brut se trouve souvent sous la forme d'une double pyramide. C'est un minéral à la dureté et à la pureté exceptionnelles dont le centre est parfaitement aligné avec les pointes haute et basse.

36. RUBEDO
ALLUMAGE DES FEUX

Message de l'esprit

« C'est maintenant. Accroche-toi, je t'attrape. Je t'embrasse. Je t'embrase. Tout ce que nous avons détruit ensemble prend ici son glorieux sens. Je te tiens et je ne te lâcherai plus jamais. Ceci n'est pas ta fin heureuse, c'est le vrai départ, brûlant, obsédant, exaltant, qui te prendra peut-être parfois ton sommeil pour œuvrer inlassablement. Le feu que j'allume en cette heure est inextinguible. Te voilà torche vivante et c'est Moi qui te brandis. Le vrai travail s'enclenche. Respire. Nous allons tout changer. »

Réflexion de l'âme

Ce que vous avez vécu dernièrement et, plus généralement, depuis toujours prend un sens nouveau, à la lumière d'événements récents et d'opportunités positives mais exigeantes qui savent tout remettre en perspective. Vous aurez peut-être l'occasion de comprendre le sens caché des épreuves et des bénédictions. Plus rien ne vous semblera arbitraire. Tout s'alignera. Cela n'est pas nécessairement confortable car un véritable travail vous est plus que jamais demandé. Cependant, plus qu'un travail, c'est une mission qui se révèle à vous. Relevez vos manches et soyez, jusqu'à nouvel ordre, véritablement utile et satisfait·e de votre incarnation !

Clés alchimiques du corps

∴ Le mot-clé alchimique : « Embras(s)ement ».

∴ Le symbole alchimique : Le cinabre et le serpentement du soufre.

∴ La musique alchimique : *Ruby* de Tweaker et Will Oldham, extrait de l'album *2 a.m. Wakeup Call.*

Décryptages :

L'œuvre au rouge alchimique est la phase finale du Grand Œuvre. Il s'agit de l'embrasement de l'être incarné, purifié de ses impuretés et prêt à porter le feu divin. En ajoutant le « s » du soufre, principe de l'esprit, c'est l'embrasement complet de la réalisation divine sur terre.

Le cinabre, sulfure rouge de mercure, allie les principes de l'esprit et de l'âme à l'intérieur même de la forme minérale du manifesté. Utilisé comme pigment, il revêt la couleur vibrante de l'œuvre au rouge.

37. SOLVE

DESTRUCTION DU VIL

Message de l'esprit

« Décharner, ôter, enlever, anéantir, faucher. Plus un seul résidu de matière périssable ne doit subsister en ton for intérieur. Ne restera que le noyau. L'insécable. La survivance ultime. Ce que la mort elle-même ne peut pas toucher. Il faut dissoudre avec rage. Avec totalitarisme. C'est le moment de regarder le superflu avec dégoût, et si tu ne peux t'y résoudre il te sera repris de façon déchirante. Ne t'attache qu'à ce centre, cette énergie inattaquable. L'essentiel. Tout le reste sera renversé et plongé dans le néant le plus impitoyable. »

Réflexion de l'âme

C'est un moment pour dire adieu, se détacher, s'en remettre à une intelligence plus haute que votre être conscient afin de trier ce qui doit subsister du reste. L'énergie de deuil, insoutenable ou joyeuse, est l'essence même de cet instant. Qu'est-ce que la mort si ce n'est un instant, par ailleurs ? Laissez donc le temps faire son œuvre et accueillez la fertilisation future qui découlera de ce qui a été fauché.

Clés alchimiques du Corps

∴ Le mot-clé alchimique : « Faux ».

∴ Le symbole alchimique : La mort.

∴ La musique alchimique : *New Skin* d'Incubus, extrait de l'album *S.C.I.E.N.C.E.*

Décryptages :

∴ Le faux récoltera la faux.

Ce qui est l'inverse du vrai sera fauché par l'arme de la mort, passage de la vie à l'au-delà personnifié par une silhouette décharnée, squelettique et sombre. La mort est traditionnellement représentée par une sinistre faucheuse censée ôter la vie et récolter les âmes.

Le symbole alchimique de la mort rappelle celui de l'oméga, la fin, mais également le contenant renversé, vidé, ne pouvant plus rien accueillir. Le flux vital ne peut plus y circuler. La mort est ici synonyme de vide et d'absence de couleur.

Solve est l'étape alchimique de la dissolution précédant *Coagula*, la coagulation.

38. COAGULA

RETROUVAILLES DIVINES

Message de l'esprit

« Ce qui est détruit ne reviendra pas. Il faut reconquérir et fixer ce qui reste. Nul retour en arrière n'est possible. Cette glorieuse alliance est nouvelle. Elle rassemble les parts oubliées de quelque chose d'éternel, récemment isolé et rendu amnésique. Ce que tu qualifiais d'extérieur devient partie intégrante de ton centre. Les différents fleuves issus d'une même source se rassemblent enfin pour solidifier une nouvelle Maison, dans ton corps. C'est l'heure de la promesse incassable. L'embrassade ultime à la croisée des chemins. La réunion est finalisée. Ton Nom est en fusion. »

Réflexion de l'âme

Vous avez suffisamment vécu de désintégration, de séparation, de brûlure douloureuse, de division. Vous n'avez plus à revivre les anciens écartèlements. Votre connaissance vous amène à comprendre comment faire fonctionner des choses apparemment séparées pour en faire un tout cohérent et profitable. Les opposés s'unissent enfin. Vous parvenez à créer une harmonie, non pas par chance, mais par équilibre savamment acquis. La cohésion, l'entente et l'engagement s'ouvrent à vous.

Clés alchimiques du corps

∴ Le mot-clé alchimique : « Quintessence ».

∴ Le symbole alchimique : La pierre philosophale.

∴ La musique alchimique : *House of Metal* de Chelsea Wolfe, extrait de l'album *Pain is Beauty*.

Décryptages :

∴ La quintessence est la création du cinquième élément également appelé « éther ». Elle est liée à la trouvaille de la pierre philosophale et de l'élixir de longue vie, sésames respectifs des voies sèches et humides du Grand Œuvre finalisé.

Le sceau de Salomon, réunissant les symboles des quatre éléments, est consolidé avec un point en son centre, quintessence alchimique.

39. APOCALYPSE
LEVÉE DES VOILES

Message de l'esprit

« La connaissance ultime s'offre à toi, brûlante, nue, inqualifiable, inconvenante, totalement incompatible avec le faux équilibre passé. Les voiles de toutes sortes se lèvent. Ton œil s'ouvre pour ne jamais se refermer. Cet œil, tel celui de Shiva, détruit toute fausseté. Il est le soleil brûlant de la vérité qui anéantit la médiocrité dont la masse se contente. C'est la révélation annihilatrice qui semble annoncer la fin des temps, mais il ne s'agit que de la fin d'un paradigme bancal. Accueille cette apocalypse avec réjouissance. »

Réflexion de l'âme

Une fin salvatrice bien qu'impressionnante peut vous apparaître. L'inconfort qui pourrait résulter des événements ou sentiments qui vous traversent actuellement est utile. Il vous forme à évoluer afin de ne plus régresser. Acceptez totalement ce qui se termine et ne vous focalisez pas sur ce qui s'écroule mais plutôt sur ce qui vous est désormais révélé, sur l'opportunité cachée de longue date derrière votre ignorance anciennement bienheureuse.

Clés alchimiques du corps

- ∴ Le mot-clé alchimique : « Révélation ».
- ∴ Le symbole alchimique : La spirale et les sept planètes.
- ∴ La musique alchimique : *End of the World* de Cold, extrait de l'album *13 Ways to Bleed on Stage.*

Décryptages :

- ∴ *Apokalypsis* en grec signifie « révélation ».

La spirale des sept planètes évoque la levée de sept voiles, avec, en son centre, le Soleil, or alchimique qui voit tout et comprend tout, comme cet œil-serrure dont la clé est révélatrice. Chaque voile levé rapproche du centre, de la compréhension ultime. La levée des voiles, annonciatrice de fin d'un monde, est reprise dans divers mythes. On parle du voile de l'Égyptienne Isis ou de la danse des sept voiles de la biblique Salomé. Le chiffre 7, particulièrement emblématique, est repris dans l'Apocalypse de saint Jean avec les sept sceaux puis sept trompettes sonnant de terribles fléaux avant le retour du Christ.

La spirale en elle-même représente le temps cyclique, le mouvement de révolution ou encore le principe créateur de vie.

40. ANDROGYNE RÉVOLUTIONNAIRE

GRAND ŒUVRE

Message de l'esprit

« La complétude amène à la réalisation. Le feu que j'ai rallumé en toi est expansif. Il ne saurait être bridé, enfermé, cantonné à la petitesse et à la confidentialité. L'amour que tu vibres désormais veut s'exprimer en grand. Il veut embraser le monde et c'est avec ceux et·celles qui sont toujours de ton côté que tu vas pouvoir jouer les divin·e·s incendiaires. Tout est en toi et avec toi. Ouvre le feu à volonté ! »

Réflexion de l'âme

De grandes choses veulent s'accomplir. Vous pourrez mener de beaux projets à bien, seul·e ou avec l'aide de vos meilleur·e·s acolytes. Cependant, ce que vous couvez n'est pas fait pour passer inaperçu et ne rien ébranler. Soyez certain·e que l'impact sera important et potentiellement vertigineux. Ne vous accrochez pas trop fortement à l'anonymat, à la discrétion, ou au *statu quo*. Abandonnez l'attachement à la petitesse et les allégeances envers les plans enfermants.

Vous avez également la possibilité de vous sentir complet·ète, pleinement accepté·e dans un microcosme qui compte vraiment pour vous, vous ressemble et vous donne la force d'affronter le macrocosme en vous armant comme il se doit. De plus, vous vous sentez guidé·e, voire habité·e, par une puissance supérieure qui donne vie à vos intentions et est ressentie et entendue, désormais, depuis l'intérieur de votre être et en toute chose.

Clés alchimiques du corps

∴ Le mot-clé alchimique : « Rébis ».

∴ Le symbole alchimique : Le caducée soli-lunaire.

∴ La musique alchimique : *We're in This Together* de Nine Inch Nails, extrait de l'album *The Fragile.*

Décryptages :

∴ Le rébis est l'androgyne alchimique, fusion de la reine et du roi, du Soleil et de la Lune, ainsi que du corps, de l'âme et de l'esprit. C'est l'être qui parvient au Grand Œuvre.

Le caducée, symbole d'Hermès, patron de la science alchimique, s'allie ici à la sagesse du masculin solaire et du féminin lunaire, et *vice versa.*

REMERCIEMENTS

Merci à ma Gulliver, ma sœur infernale, qui me suit toujours dans les aventures les plus folles et incompréhensibles avec, éternellement, cette confiance en ma vision portée par son talent inégalable. Merci à ma divine Hélène, alchimiste suprêmement inspirante qui m'a permis de déterrer des clés incroyables. Merci à ceux et celles qui proviennent de ma Maison et qui m'ont aidée à y revenir. Merci aussi à tous les drôles d'anges et démons qui nous ont inconsciemment guidées et ont testé ma foi tout au long de ce pèlerinage créatif dont le qualificatif « rock'n roll » est un glorieux euphémisme. J'ai cru ne jamais y parvenir, mais, tous autant que vous êtes, vous travaillez désormais pour Moi.

Iria Del

Merci à ma Noirsœur, Iria, de continuer de prendre ma main pour m'embarquer avec elle dans ses souterraines quêtes, de savoir si bien poser sur le monde ce regard magique et incisif, de ne jamais s'avouer vaincue même lorsque le mur du réel devient parfois presque infranchissable. Merci à Quentin, là où il est, d'avoir si souvent soufflé sur mes souvenirs pour guider ma main dans ce projet.

« We have no future, heaven wasn't made for me. We burn ourselves to hell, as fast as it can be. And I wish that I could be the king then I'd know that I'm not alone. »
Marilyn Manson

Gulliver l'Aventurière

PAR LES MÊMES CRÉATRICES

L'Oracle de la Déesse Sombre

Iria Del & Gulliver l'Aventurière
979-10-94878-40-8 | coffret | 44 cartes

Révélez vos potentiels… Cet oracle puissant célèbre la femme sacrée, la déesse intérieure, polarité féminine que tout être humain porte en lui, quels que soient son sexe ou son genre. Il met en lumière certaines déesses individuelles à l'énergie marquante, portées par la voix qui s'élève dans chacune des cartes, celle de la Déesse Sombre, essence féminine immense. Reconnectez-vous à cette magie féminine primordiale pour révéler tous vos potentiels. Outils pratique magique, tant de divination que de guidance, il vous accompagnera sur le chemin de votre réalisation personnelle et vous mènera à la découverte de vous-même. Chacune des cartes est un coffre précieux détenant une clef de votre pouvoir personnel, soyez prêt à vous en saisir.

Aphrodite – Maîtresse de l'Amour

Iria Del
979-10-94876-82-4 | livre | 240 pages

Comprenez et actionnez la plus puissante des énergies. Déesse grecque de l'amour, de la sexualité, des plaisirs et de la beauté, Aphrodite, également connue sous le nom de Vénus chez les Romains, compte parmi les douze grands dieux de l'Olympe. Aphrodite, déesse de l'amour offre un regard moderne, tant théorique que pratique, sur cet incontournable personnage de la mythologie. Iria Del livre dans cet ouvrage des clés de compréhension pour aborder Aphrodite de façon sincère, tout en se préparant à pratiquer une magie de l'amour profonde et alchimique. Elle y déconstruit ce qui nous sabote dans nos cheminements amoureux pour proposer ensuite des rituels transformateurs, participant à enclencher l'initiation amoureuse aux côtés d'Aphrodite. Découvrez une Aphrodite sombre, intemporelle et exaltée, qui vous invite à travers ce livre à la rencontre de vous-même et la flamme vers laquelle cette puissante déesse vous proposera de vous accompagner...

ATHÉNA – LE FLAMBEAU DE LA VICTOIRE

Iria Del
978-23-80620-67-2 | livre | 184 pages

Un ouvrage unique consacré à l'une des plus grandes déesses de la Grèce antique ! Fille préférée de Zeus, protectrice de la civilisation et détentrice d'une sagesse inégalée, Athéna porte la stratégie guerrière comme principal flambeau. Ce livre permet de découvrir, de comprendre mais surtout de rencontrer la déesse de façon unique. Entre Antiquité et ésotérisme moderne, analyse pointue du mythe et approche alchimique inédite, l'inégalable Iria Del délivre ici les secrets de sa gnose personnelle avec la déesse. Redécouvrez le mythe d'Athéna dans ce recueil mêlant savoir et vécu intime à la divinité !

LE TAROT DE GULLIVER

Gulliver l'Aventurière
979-10-94878-47-7 | coffret | 78 cartes

Préparez votre balluchon et entrez dans l'univers de Gulliver l'Aventurière ! La célèbre artiste vous emmène dans sa vision romanesque et revisite les 78 lames du Tarot de Marseille. Passionnés d'illustrations médiévales et autres épopées chevaleresques, retrouvez ici un jeu intuitif qui recèle de nombreux symboles cachés, mélangeant savoirs ancestraux et touches de modernité. Intimiste et poétique, Le Tarot de Gulliver est une invitation à explorer ce qui résonne en vous. Plongez au cœur de cette nouvelle aventure et faites-la vôtre !

L'Oracle du Beau Peuple

Phro Nesis & Gulliver l'Aventurière

978-23-80630-48-0 | coffret | 36 cartes

Bienvenue dans le monde mystérieux des fées de légende… Oubliez les petits êtres merveilleux et scintillants des contes de votre enfance et pénétrez l'univers sombre et fascinant du Beau Peuple. Habité du murmure des branches, de l'odeur des sous-bois, de farces malicieuses et de danses exaltées, cet oracle vous transporte à la rencontre des fées mystérieuses, espiègles et complexes. Grâce aux 36 cartes illustrées accompagnées d'un livret explicatif ancré dans le folklore celtique, vous ferez la connaissance des êtres célèbres qui composent ce Beau Peuple, leurs us et coutumes, les lieux et moments de rencontre, leur magie… Vous créerez une relation personnelle avec ces créatures ancestrales et apprendrez de leur sagesse millénaire. Plus qu'un oracle de guidances, un véritable compagnon dans vos pratiques féeriques !

Gulliver Lenormand

Gulliver l'Aventurière

979-10-94878-57-6 | boîte cloche | 36 cartes

L'artiste Gulliver l'Aventurière vous propose de plonger dans l'univers du célèbre jeu de Mlle Lenormand, revisité à l'aide de la technique de la linogravure. Cet écrin renferme un jeu noir et blanc au look grunge et aux illustrations tant frappantes que poétiques, à l'image de son auteure. Compagnon de route à l'âme brute qui vous pousse à aller à l'essentiel, le Gulliver Lenormand ravira cartomanciens et cartomanciennes.

Le Voyage du Fou au cœur du tarot

Gulliver l'Aventurière

978-23-80630-01-5 | bande dessinée | 160 pages

Au cœur de l'univers de Gulliver l'Aventurière, entre Ombre & Lumière. Préparez-vous pour un Voyage Initiatique hors du commun ! Roman graphique, cet ouvrage de collection vous conte le voyage initiatique du Fou à travers les vingt-deux Arcanes Majeurs du Tarot de Marseille traditionnel. Celle bande dessinée, emplie de symboles cachés et de savoirs ancestraux dévoilés, est née de la main de la célèbre Artiste Gulliver l'Aventurière. Elle trace une voie pour accéder à la compréhension de ce merveilleux outil qu'est le Tarot. L'auteure nous livre ici les clés de l'un des bases de la cartomancie, l'essence même des vingt-deux Arcanes Majeurs du Tarot de Marseille traditionnel ; offrez-vous une lecture et une compréhension du Tarot sans pareilles ! Passionné, Éclairé & Éveillé, Cartomancien & Cartomancienne, laissez-vous séduire par la vision romanesque de Gulliver l'Aventurière. Tenez-vous prêt pour l'Aventure de votre vie, elle commence ici !